예배를 알면 교회가 보인다

예배를 알면 교회가 보인다

초판 1쇄 발행 2020년 9월 30일
초판 2쇄 발행 2021년 6월 1일

지은이 이성호
펴낸이 신은철
펴낸곳 좋은씨앗
출판등록 제4-385호(1999. 12. 21)
주소 서울시 서초구 바우뫼로 156(MJ 빌딩), 402호
주문전화 (02)2057-3041 주문팩스 (02)2057-3042
good-seed21@daum.net
www.facebook.com/goodseedbook

ISBN 978-89-5874-344-6 04230

ⓒ 이성호

이 책의 저작권은 저자 및 저자와 독점계약한 도서출판 좋은씨앗에 있습니다.
신저작권법에 의하여 보호를 받는 저작물이므로 무단 전재와 무단 복제를 금합니다.

단단한 기독교 시리즈 13

예배를 알면 교회가 보인다

이성호

좋은씨앗

차례

여는 글: 요즘 예배, 안녕합니까? • 7

✳

1. 예배의 기본 개념과 원리 • 17

(한 걸음 더 들어가기: 세대통합 예배 • 40)

2. 성경에 따른 예배 • 42

3. 예배의 요소 (1) • 59

(한 걸음 더 들어가기: 시편 찬송 • 73)

4. 예배의 요소 (2) • 76

5. 교회사를 통해 본 예배 • 96

6. 예배의 체질 개선 • 125

✳

닫는 글: 삼위 하나님을 보는 예배를 소망하며 • 153

예배 관련 추천도서 • 158

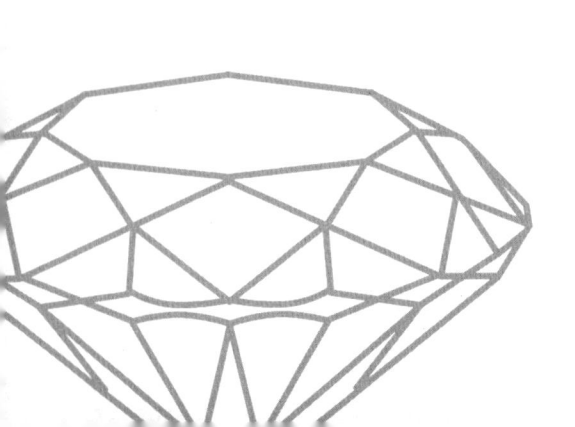

여는 글
요즘 예배, 안녕합니까?

변하는 예배

부친이 목사였던 저는 중고등학교 시절(1980년대 초) 주일에만 예배를 일곱 번 참석한 적이 있습니다. 연세 드신 분들도 "그 정도는 아니지 않았나" 할 것이고, 요즘 청년들은 "아니, 그것이 어떻게 가능해?" 하며 고개를 저을 것입니다.* 돌이켜 생각해 보면 제가 어떻게 그렇게 할 수 있었는지 저도 이해가 잘 되지 않습니다.

---

* 참고로 중세 수도사들은 수도원에서 시편 말씀을 그대로 따라 하루에 일곱 번씩 예배를 드렸다(시 119:164).

예전에는 목사 사택이 대부분 교회 바로 옆에 붙어 있었습니다. 목사의 아들인 저는 주일에도 새벽기도회에 참석해야 했습니다. 아침 먹고 나면 가정예배를 드리고, 가정예배가 끝나면 9시 주일학교 예배에 보조 교사로 참석하고, 주일학교 성경공부를 마치면 어른 예배에 참석하고, 점심 먹고 나면 중고등부 예배에 참석하고, 이후에는 주일학교 오후 예배에서 피아노 반주를 하고, 저녁 먹고 나면 주일 저녁 예배에 참석했습니다. 저녁 예배 후 찬양대 연습을 마치고 집에 돌아오면 10시가 넘었습니다. 모든 교인이 저와 같지는 않았겠지만 그 당시 열심 있는 성도들은 주일날 거의 하루 종일 교회에서 살다시피 했습니다. 놀랍게도 당시에는 그와 같은 생활이 힘들다는 생각을 별로 하지 않았습니다. 교회에서 친구들과 함께 있는 것 자체가 제게는 큰 즐거움이었습니다. 아마도 당시에는 인터넷이나 스마트폰이 없었기 때문에 가능했던 일 같습니다.

지금은 어떻습니까? 불과 몇십 년 만에 우리는 사회적, 경제적으로 엄청나게 발전했고 그에 따라 교회의 예배도 많은 변화를 겪었습니다. 우선 예배 형식이 달라졌습니다. 그중에서도 가장 먼저 예배 시간의 변화를 꼽을 수 있습니다. 지금은 대부분의 교회가 저녁 예배 대신 오후 예배를 드립니다.

많은 교회가 예배 시간을 옮긴 주된 이유가 무엇일까요? 각 교회마다 상황이 다르겠지만 예배 시간을 옮긴 가장 중요한 이유는 성도들의 형편을 고려한 결과입니다.

예배 시간이 저녁에서 오후로 옮겨지면서 오후 예배의 형태도 많이 변했습니다. 저녁에 예배 드릴 때에는 오전 예배와 저녁 예배가 형식에서 큰 차이가 나지 않았습니다. 하지만 점심 식사를 하고 바로 이어서 예배를 드리다 보니 예배의 신선함이 많이 줄어들었습니다. 그러한 이유로 교회들이 오후 예배를 오전 예배와 차별화하기 시작했습니다. 찬양 위주의 찬양 예배나 특별 강사를 모시고 강의를 듣는 특별 예배가 교회 안에 자리를 잡았습니다. 사실상 오후 예배는 이름만 예배이지 실제로는 집회와 별 차이가 없습니다. 오후 예배가 성경공부나 소그룹 모임으로 대체되는 현상도 나타나고 있습니다.

기술의 발달도 예배의 형식에 많은 변화를 가져왔습니다. 그중에서도 찬양이 큰 변화를 겪었다고 생각합니다. 제가 어렸을 때에는 어린이 찬송가가 없었기 때문에 악보와 가사가 적힌 괘도를 앞에 놓고 찬송을 배웠습니다. 얼마 후에는 OHP 필름이 한동안 교회 안에서 사용되었습니다. 이것은 컴퓨터와 프로젝트로 금세 대체되었고 최근에는 스마트폰의 사용 빈도가 점점 높아지고 있습니다.

제가 대학에 진학했을 때에는 '경배와 찬양'이라는 찬양집회가 젊은이들의 마음을 사로잡고 있었습니다. 전형적인 찬송가의 틀을 넘어 다채롭고 감성적인 멜로디를 갖춘 CCM은 우리의 교회 음악에 엄청난 영향을 주었습니다. 찬양 집회에서 부르던 노래를 곧바로 예배 시간에 부르기 시작했고, 어떤 교회에서는 CCM을 찬송가보다 더 많이 부르기도 합니다. '경배와 찬양' 식의 예배 형태가 오늘날 여전히 큰 영향을 미치고 있지만 최근에는 전반적으로 힘을 잃은 것 같습니다. 무엇보다 이런 찬양을 선호하는 청년들의 수가 현저하게 줄었기 때문입니다. 큰 교회를 제외하고 대부분의 교회에서 앞에 선 찬양팀을 제외하면 회중 가운데 청년들을 찾아보기 힘든 실정입니다.

활기 잃은 예배

교회마다 사정이 다르겠지만 요즘 예배는 활기를 잃어 가고 있습니다. 이것은 교회의 쇠퇴와 밀접한 관계가 있습니다. 어느 것이 먼저인지 모르지만 활기 잃은 예배와 교회의 쇠퇴 현상이 동시에 일어나고 있습니다.

예배가 활기를 잃은 이유는 여러 가지겠지만, 이제는 모이는 시대가 아니라는 점을 가장 큰 이유로 꼽을 수 있습니다. 예전에는 유명한 목사의 메시지를 들으려면 특정한 집회에 가야 했지만, 지금은 굳이 집회에 참석할 필요가 없습니다. 웬만하면 언제 어디서든 설교 동영상을 시청할 수 있기 때문입니다. 뭔가 새로운 메시지를 들을 수 있다는 확신이 없는 한 집회에 반드시 참석할 이유가 없어졌습니다.

절기를 비교해 보면 활기 잃은 예배가 더욱 선명하게 드러납니다. 예전에 성탄절은 그야말로 교회의 큰 잔치였습니다. 성탄절 몇 주 전부터 예배당 전체를 전구로 장식하는 것은 중요한 연례 행사였습니다. 나이 지긋한 성도들이라면 눈길을 밟고 집집마다 다니면서 새벽송 부르던 시간을 잊을 수 없을 것입니다. 평소 교회에 출석하지 않던 부모들도 성극이나 찬양하는 자녀들을 보기 위해 이날만큼은 교회에 나올 정도였습니다. 이제 이런 모습은 거의 찾아볼 수 없습니다. 자정이 넘은 시간에 아파트를 다니며 노래를 부르는 것이 가능한 일이겠습니까?

부활절도 마찬가지입니다. 보통 정사 예배라고 해서 금요일 저녁에 특별 예배를 드리고 자신의 죄를 회개하며 다가오는 부활절을 소망하는 마음으로 기다렸습니다. 부활절에는 모든 성도가 부활을 기념하기 위해 흰옷을 입고 예배에 참석했습니다. 성찬식도 있어서 예배가 평소와 다른 분위기였습니다. 규모가 좀 큰 교회에서는 부활절 몇 주 전부터 찬양대가 부활절 칸타타를 준비하여 저녁 예배 시간에 발표하기도 했습니다. 부활절의 가장 특별한 예배는 부활절 연합 새벽기도회였습니다. 각 지역마다 교단을 초월하여 부활절 새벽에 함께 모여 예배 드리는 것도 아주 특별했습니다. 이 모든 것들은 예전에 비해 규모가 상당히 축소되거나 형식적으로 시행되고 있습니다.

추수감사절은 시대에 뒤떨어진다는 인상을 줄 정도입니다. 국민의 절대 다수가 도시에 살고 있는 상황에서 농경사회 문화가 배경인 추수감사절은 더 이상 정서적으로 우리와 가깝기 어렵습니다. 아무리 뜻이 좋아도 정서와 맞지 않으면 활기를 잃을 수밖에 없습니다.

예배가 활기를 잃은 결과 여러 예식들이 형식화되었습니다. 예전에는 세례, 유아세례, 입교 등이 그나마 질서와 품위를 갖추고 있었으나 요즘에는 연례행사로 치러지는 경우가 적지 않습니다. 복음 전도가 잘 되지 않으니 (성인) 세례의 횟수가 현저하게 줄었고, 세례를 통해 성도들이 함께 감격을 누릴 기회 자체가 줄었습니다. 입교의 의미 자체를 모르는 성도들도 적지 않습니다. 특히 입교를 앞둔 믿음의 자녀들이 제대로 된 교리교육을 충분히 받지 못하고 있습니다. 자주 시행해야 하는 성찬도 그저 번거로운 예식으로 간주되고 있습니다.

자기 소견에 따른 예배

오늘날 우리가 참여하는 예배의 두드러진 특징은 지나친 다양성입니다. 예전에는 교단이 달라도 예배의 모습은 크게 다르지 않았습니다. 한국 개신교회의 경우 동일한 성경책과 찬송가를 사용했기 때문에 성도들은 교단별 차이를 거의 느끼지 못했습니다. 실제로 성도들은 자기 교회가 어느 교단에 속해 있는지 잘 모릅니다.

그러나 이러한 예배의 통일성은 지속적으로 손상되어 왔습니다. 이른바 전통적인 예배 순서를 따르지 않는 교회가 늘고 있습니다. 예배와 일반 집회의 구분이 사라지다시피 했습니다. 각 교회마다 예배에 여러 가지 특이한 순서를 넣기도 합니다. 간단히 말해 오늘날 우리의 예배는 "각기 자기의 소견에 옳은 대로" 드리는 예배라고 할 수 있습니다. 이 때문에 예배의 공교회성이 현저하게 파괴되었습니다. 교회들이 예배 형식에서 경쟁을 벌이는 식이다 보니 서로 하나됨을 추구하기보다 다름과 독특함을 추구하게 되었습니다. 필요에 따라 예배를 얼마든지 바꿀 수 있다는 생각이 교회 안에 자리잡았습니다. 성경이 아니라 우리의 소견이 예배를 결정하는 기준이 되어 버렸습니다. 하나님이 우리의 예배를 받으시는 분이라는 사실은 고려 대상에서 제외된 듯합니다. 사실상 우리 자신이 예배의 주인이 되고 말았습니다.

◇◇◇◇◇

오늘날 우리의 예배가 겪고 있는 현상을 개인의 경험에 근거하여 진술해 보았습니다. 신도 수가 천만이 넘고 교회 수가 몇 만으로 추산되는 한국 교회의 예배를 일반화하기란 무리입니다. 그럼에도 앞에서 언급한 내용이 요즘 우리의 교회가 겪고 있는 전반적인 흐름이라는 사실은 분명합니다. 이와 같은 추세는 앞으로 특별한 일이 없는 한 더 심화될 것입니다. 제가 이 책을 쓰게 된 동기가 여기에 있습니다. 저는 이 책이 예배를 이해하고 예배의 본질을 회복하는 데 하나의 길잡이가 되기를 희망합니다. 그 희망은 예배에 대한 근본적인 이해에서 출발해야 한다고 봅니다.

신학 교수로서 전국 여러 교회에 강의나 설교를 할 기회가 많습니다. 그런데 적지 않은 교회의 예배가 본질적인 면에서 중세시대의 쇠락했던 예배 모습과 큰 차이가 없어 보여 매우 안타깝습니다.

활기 잃은 예배를 변화시키기 위해 예배 갱신이라는 말이 자주 사용됩니다. 개혁과 달리 갱신은 뭔가를 전혀 새로운 것으로 바꾸는 게 아닙니다. 즉 새로운 예배, 새로운 찬송, 새로운 설교를 도입하는 게 아닙니다. 예배 갱신이란 예배에 활력을 다시 불어넣는 것입니다. 구체적으로는 수동적으로 변해 버린 예배자를 진정한 예배자로 바꾸는 것입니다. 오늘날 예배자들이 수동적으로 바뀐 이유는 여러 가지겠지만, 교회가 예배의 진정한 의미를 제대로 가르치지 않았기 때문이라고 생각합니다. 예배를 잘 드려야 한다는 것을 모르는 성도가 있을까요? 그럼에도 예배의 의미를 제대로 배운 사람은 많지 않을 것입니다. 예배의 의미를 잘 알지 못하니 형식적으로 예배에 참석하게 되고 수동적인 태도를 취할 수밖에 없습니다.

예배학은 수영과 같이 실천적인 학문입니다. 수영에 관한 책을 아무리 많이 읽어도 물에 들어가지 않으면 수영을 할 수 없듯이, 예배에 관한 책을 많이 읽어도 예배에 실제로 참석하지 않으면 예배를 드릴 수 없습니다. 그런가 하면 무조건 물에 들어간다고 수영을 잘할 수 있는 것이 아니듯이 무조건 예배에 참석한다고 신실한 예배자가 되는 것은 아닙니다. 성경의 지침이 없다면 우물가의 여인처럼 죽을 때까지 알지 못하는 것을 예배할 수도 있습니다(요 4장).

교회의 역사를 보면, 기독교는 맹목적인 믿음이 아니라 '이해를 추구하는 믿음'을 추구했습니다. 이해를 추구하는 정신은 예배에도 적용되어야 합니다. 바른 이해를 가지고 예배를 드려야 한다는 것입니다. 오늘날 활기 잃은 예배를 회복하는 길은 예배에 대한 바른 지식에서 시작한다고 믿습니다. 예배에 대한 바른 지식을 통해 예배를 회복하고, 교회의 지체로서 참된 예배가 주는 기쁨을 회복하기를 소망합니다.

1. 예배의 기본 개념과 원리

예배의 기본 개념

예배는 한자어로 '禮拜'로 표기하는데 '예를 갖추어 절한다'는 뜻이 있습니다. 자신의 몸을 낮추어 상대방을 높이는 신체적 행위입니다. 예배를 절이라는 행위로 이해하면 예배의 주체는 절하는 사람이 됩니다. 절을 받는 존재에 대한 인식은 들어 있지 않다고 볼 수 있습니다. 예배를 절이라는 행위로 이해하면 예배는 뭔가를 드리는 것입니다. 이와 같은 인식 때문에 예배를 '본다'는 표현 대신 '드린다'는 표현을 사용해야 한다고 주장하는 이들이 적지 않습니다. 예배를 절이라는 행위로 이해한다면 예배는 '드리는' 것이 맞습니다. 하지만 기독교의 예배를 이와 같이 이해하기에는 한계가 있습니다. 무엇보다 우리는 다른 종교나 로마 가톨릭교회에서 하듯이 예배 시간에 절을 하지 않습니다. 심지어 종교개혁 이후로는 예배 시간에 절하는 행위가 금지되었습니다. 예배라는 단어가 가지고 있는 개념 중 하나인 절이라는 행위는 개혁된 예배에서는 아무 역할을 하지 않습니다. 따라서 문자적인 의미에서 '예배'라는 단어 자체는 예배를 이해하는 데 별 도움이 되지 않습니다.

기독교의 예배를 절하는 행위로 이해하는 데는 무리가 있지만, 절하는 행위를 공경의 표현으로 받아들이면 '예배'라는 말이 전혀 틀리다고 볼 수는 없습니다. 실제로 신약성경에서 예배를 뜻하는 대표적인 헬라어 프로스퀴네오($προσκυνέω$)는 '절하다'와 '예배하다'는 의미를 둘 다 가지고 있습니다. 예배의 문제를 집중적으로 다루는 요한복음 4장에서 예배와 관련하여 사용하는 단어가 바로 프로스퀴네오입니다. 그런데 절하는 행위가 단지 하나님께만 국한되어 사용된 것은 아닙니다. 이스라엘에서는 종이 주인에게, 혹은 제자가 스승에게 절하는 경우에 이 단어가 상용되었고, 하나님을 대상으로 절하는 경우에도 이 단어가 사용되었습니다. 대표적으로 예수님께서 탄생하셨을 때 목자들과 동방박사들이 절하는 장면에서 이 단어가 사용되었습니다. 여기서 절하는 행위는 단지 위대한 인간에 대한 존경심의 표현이 아니라 신적 존재에 대한 예배 행위로 이해해야 합니다.*

예배가 예배 대상에 대한 공경심의 표현이라면 기본적으로 '예배를 드린다'는 말이 적합합니다. 하지만 이것만 강조하면 성경이 가르치는 예배의 중요한 측면을 놓칠 수 있습니다. 이와 관련하여 간단한 질문을 하겠습니다. 예배 시간에 가장 중요한 순서는 무엇일까요? 아마도 대부분이 설교라고 대답할 것입니다. 실제로 출석 교회를 정할 때 가장 중요한 요소로 담임목사의 설교를 꼽는 경우가 적지 않습니다. 만약 설교가 예배의 가장 중요한 요소라면 설교는 우리가 하나님께 공경을 표시하는 것일까요, 아니면 하나님께서 우리에게 뭔가를 주시는 것일까요? 당연히 후자일 테지요. 이 단순한 사실만 알고 있더라도, '예배는 드리는 것'이라는 개념만으로 예배를 제대로 이해하기에는 심각하게 부족하다는 것을 알 수 있습니다.

다른 나라의 언어와 비교해 보면 '예배'라는 단어가 지닌

---

* 그럼에도 오늘날 우리는 예배 시간에 절하지 않습니다. 다만 하나님에 대한 경외감을 다른 방식으로 표현합니다. 대표적으로 기도와 찬송이 있습니다.

한계를 쉽게 인식할 수 있습니다. 예배에 해당하는 대표적인 영어 단어는 워십(worship)과 서비스(service)입니다. 두 단어는 거의 외래어로 자리잡았고 평소에 자주 사용됩니다. 워십은 기본적으로 '가치를 지니다'라는 뜻의 워스(worth)와 속성을 부여하는 접미사 십(-ship)이 결합된 단어입니다. 기본적으로 워십은 어떤 대상에게 최상의 가치를 부여하는 행위를 말합니다. 이와 관련된 가장 비슷한 개념을 시편 29편 2절에서 찾아볼 수 있습니다. "여호와께 그의 이름에 합당한 영광을 돌리며 거룩한 옷을 입고 여호와께 경배할지어다." 예배 혹은 경배는 기본적으로 그분의 이름에 합당한 영광을 돌리는 것입니다. 이 개념에 따르면 워십은 기본적으로 앞에서 언급한 공경과 유사하다고 볼 수 있습니다.

워십과 달리 '서비스'로서의 예배는 이해하기가 조금 어렵습니다. 서비스는 기본적으로 섬김 혹은 봉사라는 뜻인데, 예배 시간에 도대체 누가 누구를 섬긴다는 것일까요? 당연히 사람이 하나님을 섬기는 것이라고 생각할 수 있습니다. 하지만 앞에서 언급했듯이 설교를 생각해 봅시다. 설교는 누가 봉사하는 것일까요? 물론 목사가 말씀의 봉사를 합니다. 적어도 회중이 섬기는 게 아닌 것은 확실합니다. 오히려 목사를 통해 하나님께서 섬기는 것(도와주는 것)이라고 할 수 있습니다. 이 사실은 특별히 성찬에서 아주 분명하게 확인됩니다. 예배에 참석한 자들은 목사의 섬김을 통해 그리스도의 살과 피를 보증하는 떡과 잔을 '받습니다'. 그렇다면 예배에는 하나님께서 인간을 섬기는 면도 있다고 할 수 있습니다.

예배에서의 섬김이 '하나님의 섬김'이 될 수 있다는 개념은 독일어에서 가장 확실하게 드러납니다. 독일어로 예배를 고테스딘스트(Gottesdienst)라고 하는데, 이것은 '하나님'(Gott)과 '섬김'(dienst)이라는 두 단어가 결합된 것입니다. 문자적으로는 '하나님의 섬김'이 되는데 이것을 '하나님이 섬기는 것'으로도, '하나님을 섬기는 것'으로도 볼 수 있습니다. 설교를 하나님의 말씀이라고 본다면, 설교는 하나님의 섬김이고 기도나 찬송은 인간의 섬김입니다. 그렇다면 섬김을 일방적으로만 보지 않고 두 가지 측면을 동시에 고려하는 것이 바람직합니다. 오늘날 예배에는 '하나님의 섬김'이라는 인식이 매우 약화되었다는 생각이 강하게 듭니다.

'하나님의 섬김'으로 보는 예배는 성경에 사용된 용어에서도 뚜렷하게 드러납니다. 앞에서 언급된 프로스퀴네오와 쌍벽을 이루는 헬라어 단어가 레이투르기아(λειτουργία)입니다. 대표적으로 로마서 12장 1절에서 사용되었습니다. "그러므로 형제들아 내가 하나님의 모든 자비하심으로 너희를 권하노니

너희 몸을 하나님이 기뻐하시는 거룩한 산 제물로 드리라 이는 너희가 드릴 영적 '예배'니라." 레이투르기아는 백성을 뜻하는 라오스(λαός)와 일을 뜻하는 에르곤(ἔργον)의 합성어입니다. 이 단어 역시 백성들이 하는 일이라고 볼 수 있지만 백성들을 위한 일로도 볼 수 있습니다. 헬라 문화에서 이 단어는 부자들이 가난한 백성들에게 베푸는 자비의 행위를 가리켰고, 신약성경에서는 특별히 레위인이나 제사장들이 성전에서 행하는 직무를 가리키는 데 사용되었습니다. 어쨌든 이 단어에서 오늘날 예전으로 번역되는 영어 단어 리터지(liturgy)가 유래했습니다.

지금까지 예배에 대한 기본적인 의미를 살펴보았습니다. 적어도 예배라는 한글 단어가 진정한 의미에서 예배의 의미를 잘 살리지 못한다는 것을 알 수 있습니다. 예배의 여러 용례를 살펴보았을 때, 예배의 핵심 개념은 '이중적 섬김'입니다. 이것을 이해할 때 섬김으로서의 예배는 일방적인 행위가 아니라 양방의 행위임을 인식할 수 있습니다. 그렇다면 '예배를 드린다'뿐 아니라 '예배를 본다'라는 말도 완전히 틀리지는 않습니다. 물론 여기서 본다는 말은 눈으로 보는 게 아니라 '장을 본다'라고 할 때의 의미, 즉 '할 일을 한다'는 의미입니다. 성도들이 예배 시간에 자기가 할 일을 한다는 의미로 사용된다면 '예배를 본다'는 말도 교회 안에서 자연스럽게 사용될 수 있을 것입니다.

이중적 섬김이야말로 예배의 본질을 잘 드러냅니다. 이 개념에 따르면 예배의 본질은 하나님과 성도들의 상호교제입니다. 예배 현장에는 하나님께서 하시는 일이 있고 인간이 하는 일이 있습니다. 하나님은 설교를 통해 성도에게 말씀하시고, 성도는 기도를 통해 하나님께 말합니다. 결국 말씀이 하나님과 인간을 연결합니다. 말씀이신 그리스도가 유일한 중보자가 되시는 이유가 여기에 있고, 오직 말씀이신 예수 그리스도를 통해서만 예배가 이루어질 수 있는 이유도 여기에 있습니다. 예수 그리스도가 배제된 예배는 본질상 이방인들의 예배와 다를 바 없습니다.

앞으로 저는 특별한 경우가 아닌 한 일반 용례에 따라 '하나님께 드리는 예배'를 '예배'라고 부르겠습니다. 하지만 앞에서 언급했듯이 예배의 주체가 인간뿐 아니라 하나님이 될 수 있다는 점을 늘 염두에 두기를 바랍니다. 예배는 일차적으로 하나님의 일(opus Dei)입니다. 하나님의 이 일을 인간이 받아들일 때 예배가 완성됩니다. 예배에 대한 하나님 중심의 관점만 정확하게 이해하더라도 예배와 관련된 불필요한 논쟁들을 피할 수 있습니다.

누구에게 예배하는가?

예배를 하나님의 일로 이해한다면 참 예배와 거짓 예배를 결정하는 분은 오직 하나님이십니다. 오늘날 우리는 이 점을 특별히 강조할 필요가 있습니다. 안타깝게도 많은 경우에 예배의 중심이 하나님에게서 인간으로 옮겨 갔기 때문입니다. 앞에서 강조했듯이 하나님은 단지 예배의 대상일 뿐 아니라 예배의 주체십니다. 하나님 중심성이 회복되지 않는다면 예배는 사실상 신우회와 다를 바 없게 됩니다. 논의를 단순화하여 '예배의 대상'이라는 관점에서 참된 예배에 대해 살펴보겠습니다.

예배 전쟁이라는 말이 나올 정도로 현대 교회에서 예배와 관련된 논의가 쏟아지고 있습니다. 대부분의 초점은 "어떻게 예배 드릴 것인가?"에 맞추어져 있습니다. 질문의 목적은 대부분 더 나은 예배를 통해 교회를 활성화하는 것, 보다 정확하게 말하면 예배를 통해 교회를 성장시키는 데 있습니다. '더 나은 예배'를 판단하는 기준이 결국 사람인 셈입니다.

예배와 관련하여 가장 중요하고 우선되어야 할 질문은 이것입니다. "누구에게 예배하는가?" 아쉽게도 이 질문은 예배 논쟁에서 거의 다루어지지 않습니다. 논쟁할 필요가 없을 정도로 모두가 잘 알고 있다고 생각하기 때문입니다. 과연 그럴까요? "누구에게 예배하는가?"라는 질문에 거의 대부분이 "하나님"이라고 대답할 것입니다. 틀린 답은 아닙니다. 하지만 예배를 진지하게 다루는 상황에서 단순히 "하나님"이라고만 대답하기에는 아쉬운 점이 많습니다. 그 정도로는 그 하나님이 어떤 하나님이신지 규명되지 않기 때문입니다. "성도들의 유일한 예배 대상은 누구입니까?"라는 질문에 정확한 대답은 "오직 유일하고 참되신 성부, 성자, 성령 삼위 하나님"이 되어야 합니다. 하나님과 삼위 하나님의 차이는 무엇일까요? 동일한 하나님을 가리키는 것 같지만, 전자는 막연한 하나님이고 후자는 분명한 하나님입니다. 이것은 예배를 이해하는 데 엄청난 차이를 가져옵니다.

하나님에 대한 막연한 지식은 우리를 막연한 예배로 이끕니다. 삼위 하나님은 세상의 다른 신들과 구별되는 유일하신 하나님입니다. 기독교의 정체성은 삼위일체 하나님에 대한 올바른 신앙고백으로 결정됩니다. 이 고백이 흐려진다면 예배도 흐려질 수밖에 없습니다. 신앙생활을 오래한 성도들조차 이단 교회에 가서 예배를 드려도 별 차이를 느끼지 못하는 것이 현실입니다. 그 이유는 예배 대상을 분명하게 인식하지 않았기 때문입니다. 삼위일체 하나님을 예배하지 않으면 참된 예배가 될 수 없다는 사실만 분명히 알아도, 많은 성도들이 이단의 예배에 현혹되지 않을 것입니다. 문제는 기성 교회의 예배에서 삼위일체 하나님이 잘 부각되지 않는다는 것입니다. "누구에게 예배하는가?"를 진지하게 고려하지 않는 한 막연한 예배가 지닌 치명적인 결점은 해결되지 않을 것입니다.

삼위 하나님만이 예배 대상이 되실 때, 우리의 예배는 구체적으로 어떻게 진행될까요? 적어도 예배 시간에 성부, 성자, 성령의 이름을 함께 부르게 될 것입니다. 여기서 '함께'라는 말이 중요합니다. '함께'의 중요성은 특별히 최초의 보편적 신앙고백서라고 할 수 있는 니케아 신경(381년)을 보면 분명히 알 수 있습니다. 니케아 신경에 따르면 성령에 대한 고백에서 다음 항목을 접하게 됩니다. "우리는 또한 성령님, 곧 주님이시고 생명의 수여자이신 분을 믿습니다. 그분은 성부와 성자에게서 나오시고, 성부와 성자와 함께 경배와 영광을 받으시는 분이며, 선지자들을 통해 말씀하신 분입니다." 이 보편적인 신앙고백에 따르면 성부, 성자, 성령은 각기 참되고 완전한 하나님이시므로 항상 함께 경배와 영광을 받으셔야 합니다.

예배 속에서 성부, 성자, 성령의 이름을 항상 함께 부른다면, 그다음으로 그분에 대한 찬송이 있어야 합니다. 삼위 하나님에 대한 영광송을 송영이라고 합니다. 송영이야말로 찬송받을 대상이 누구인지를 가장 분명하게 가르쳐 줍니다. 올바른 신앙고백을 통해 참 교회와 거짓 교회를 구분할 수 있다면, 송영을 통해서는 바른 찬송과 부실한 찬송을 구분할 수 있습니다. 안타깝게도 오늘날 찬송 시간에 송영은 거의 사라지고 말았습니다. 그 결과 삼위 하나님에 대한 인식이 매우 희미해졌습니다.

삼위 하나님을 예배 대상으로 한정한다면, 예배 시간에 드리는 기도의 내용도 많이 바뀔 것입니다. 기도 가운데 삼위 하나님의 사역에 대한 감사를 분명하게 표현하지 않을 수 없습니다. 성부의 창조 사역, 성자의 구속 사역, 성령의 성화 사역에 대한 찬양과 감사가 기도의 중심을 이루게 될 것입니다.

그 밖에 예배 대상에 대한 인식이 흐려진 결과, 사도신경이 예배 순서에서 빠지는 경우가 늘고 있습니다. 유아세례식도 자주 하기보다 한꺼번에 시행하는 경우도 많습니다. 삼위 하나님과의 교제를 가장 확실하게 경험할 수 있는 성찬이 매우 약화되었습니다. 축도는 삼위 하나님께서 복을 선언하시는 것으로 이해되기보다는 특별한 형식의 축복 기도로 이해되고 있습니다. 이 모든 것이 근본적으로 예배 대상이 명확하지 않아서 일어나는 현상입니다.

예배 대상이 삼위일체 하나님이심이 분명해진다면 무엇보

다 설교 내용이 바뀔 수밖에 없습니다. 설교는 하나님의 말씀입니다. 보다 구체적으로 말해 성부, 성자, 성령 삼위 하나님의 말씀입니다. 그렇다면 바르고 좋은 설교란 무엇일까요? 성경 본문을 통해 성부, 성자, 성령 삼위 하나님이 누구신지 그리고 우리를 향한 그분의 뜻이 무엇인지를 잘 알게 해주는 것이 바르고 좋은 설교입니다. 설교를 들었는데도 삼위 하나님에 대해 더 많이 알지 못한다면, 그 설교는 이름은 설교지만 실제로는 성경 강의라고 할 수 있습니다. 예배 가운데 올바른 하나님의 말씀이 선포되려면, 우선 설교자가 삼위 하나님의 말씀을 전하겠다는 분명한 의식을 가져야 합니다. 성도들도 설교를 통해 삼위 하나님의 인격과 사역을 알고자 하는 열망을 가져야 합니다. 그러자면 성도들도 삼위 하나님을 기본적으로 분별할 수 있는 능력을 가져야 합니다.

누가 예배할 수 있는가?

"누구에게 예배하는가?"라는 질문은 자연스럽게 "누가 예배할 수 있는가?"라는 질문으로 이어집니다. 두 질문은 아주 밀접하게 연결되어 있습니다. 이 연결을 잘 이해하지 못하면 "누가 예배할 수 있는가?"라는 질문에 제대로 답하기가 쉽지 않습니다. 아마도 대부분의 사람들은 예배에 참석한 모든 사람들이 다 예배자라고 쉽게 생각할 것입니다. 하지만 예배에 참석한 사람은 예배에 참석했을 뿐이고, 그 이유만으로 자동으로 예배자가 되는 것은 아닙니다. 삼위 하나님만이 예배의 주인이시라면 성부, 성자, 성령 삼위 하나님을 고백하는 신자만이 진정한 예배자가 될 수 있습니다. 참된 예배자를 결정하는 것은 삼위 하나님에 대한 신실한 신앙고백입니다.

그러면 누가 삼위 하나님을 고백하는 자일까요? 그냥 "나는 성부, 성자, 성령 삼위 하나님을 믿습니다"라고 말하기만 하면 되는 것일까요? 그렇지 않습니다. 그런 식이라면 예배자는 개인의 주관적 확신에 따라 결정되겠지요. 예배자가 누구인지를 스스로 결정하는 셈입니다. 그러나 개인의 고백은 공적인 검증을 받아야 합니다. 이 검증은 세례를 통해 이루어집니다. 모든 회중이 지켜보는 가운데 삼위 하나님에 대한 신앙을 고백하고, 그 고백에 근거하여 세례를 받을 때, 그 고백은 비로소 공적 의미를 가집니다. 그렇다면 "누가 예배할 수 있는가"에 대한 답은 바로 "세례를 받은 신자"라고 할 수 있습니다.

"누가 예배할 수 있는가?"라는 질문은 예수님과 우물가 여인의 대화에서 아주 진지하게 다루고 있습니다(요 4장). 예수님의 구속 사역 이전에는 할례 받은 유대인만이 예배를 드릴 수 있었습니다. 그 예배의 대상은 여호와라고 불린 하나님이었습니다. 여호와 하나님은 그들에게 예배하는 방식을 아주 세밀하게 정해 주셨습니다. 성경에 기록된 성전과 제사와 제물은 필수적인 예배 수단들이었습니다. 이 방식 외에 하나님을 예배할 수 있는 방식은 존재하지 않았습니다. 구약의 예배는 철저하게 유대인들로 제한된 예배였습니다.

그러나 예수님께서 구약을 완성하심으로 예배가 완전히 바뀌었습니다. 이제는 유대인뿐 아니라 이방인들도 예배자가 될 수 있습니다. 이 말은 아무나 예배자가 될 수 있다는 말이 아닙니다. 이전에는 할례 받은 자가 예배자가 될 수 있었다면, 이제는 삼위 하나님의 이름으로 세례 받은 자가 예배자가 될 수 있습니다. 이방인들이 예배자가 되었기 때문에 이전의 모든 제사법은 제거되었습니다. 이전에는 할례자들이 모세의 가르침을 따랐다면, 이제는 세례자들이 예수님의 가르침을 따릅니다. 최초의 공의회라고 불린 예루살렘 공의회는 이방인들로부터 할례의 짐을 완전히 제거시켰습니다. 그 결과 이방인에게 복음이 더욱 급속도로 전파될 수 있었습니다.

예수 그리스도의 구속 사역으로 이방인에게도 예배의 문이 열렸지만, 전혀 다른 사람들이 함께 모여서 예배하기란 그리 쉬운 일은 아니었습니다. 서로 비웃고 경멸하며 살던 유대인과 헬라인이 하나가 되기란 거의 불가능했습니다. 남자와 여자가 함께, 노인과 아이들이 함께, 주인과 종이 어떤 차별도 없이 진정으로 하나가 되어 함께 예배 드리는 것은 당시로서는 상상도 할 수 없는 일이었습니다.

남녀노소, 빈부귀천을 따지지 않고 함께 한 공동체를 이루어 예배를 드리는 것은 아름다운 모습입니다. 교회 말고 이렇게 각계각층이 정기적으로 모여서 하나의 공동체를 이루는 사례를 찾기가 쉽지 않습니다. 하지만 이들이 한 장소에 모여 있다고 해서 제대로 예배를 드릴 수 있는 것은 아닙니다.

로마서 15장은 이 문제에 아주 중요한 교훈을 줍니다. 교회 안에는 늘 강자와 약자가 있습니다. 이들이 진정으로 하나 되는 길은 강자가 약자의 짐을 짊어지는 것입니다. 그 결과 서로가 진정으로 한마음이 되어 하나님을 경배하면, 그것이 바로 하나님께 영광이 된다는 것이 로마서의 최종 결론입니다. 그런 점에서 예수님께서 우리의 모범이 되셨습니다. 누구보다 강한 분이지만 약한 우리가 짊어질 수 없는 죄의 짐을 십자가에서 대신 지심으로 우리를 받으시고 하나님께 드리셨습니다(참조 롬 15:3, 7, 16). 예수님의 이 사역은 모든 성도들이 따라야 할 모범이고 예배에서 가장 분명하게 실천해야 할 바입니다.

무엇을 위해 예배하는가?

예배 대상과 예배하는 자가 분명해졌으니 이제 예배의 목적을 살펴보겠습니다. 예배의 목적에 대한 분명한 지식은 "내가 예배를 제대로 드리고 있는가?"를 판단하는 중요한 기준이 됩니다. 그런데 예배의 주된 목적에 대한 사람들의 생각이 저마다 다른 것 같습니다. 타종교의 경우 예배의 주된 목적은 예배를 통해 자기가 섬기는 신으로부터 뭔가를 얻어내는 것입니다. 이를 위해 그들은 신들이 원한다고 생각하는 것을 갖다 바칩니다. 심지어 자식을 신들에게 제물로 바치기도 했습니다. 성경에 나오는 몰렉이 대표적으로 그와 같은 신이었습니다. "지성이면 감천"이라는 말이 있듯이 어떤 사람들은 하늘을 감동시켜 자기 소원을 성취하는 것을 예배의 가장 중요한 목적으로 삼습니다.

다른 종교인들처럼 성도들도 예배를 통해 뭔가를 얻기를 바랍니다. 다른 종교의 소원 성취와 비슷하게 기독교에는 '복' 또는 '은혜'라고 부르는 것이 있습니다. 하지만 이와 같은 복이나 은혜는 타종교와 같이 예배 시간에 하나님을 감동시켜서 받을 수 있는 것이 아닙니다. 혹시라도 그렇게 생각한다면, 이는 하나님을 이방 신들과 동일하게 여기는 것이고 만홀히 여기는 것입니다. 삼위일체 하나님이 이방 신들과 근본적으로 다른 점은, 자기 백성에게 아무 공로 없이 오직 은혜로 약속한 모든 복을 주신다는 것입니다. 따라서 예배 시간에 복을 얻기 위해 인간이 해야 할 일은 전혀 없습니다. 오히려 우리는 예배 시간에 은혜로 모든 복을 아무 공로 없이 받고 감사와 찬양으로 그 복에 화답할 뿐입니다.

어떤 성도는 하나님께 영광 돌리는 것이 예배의 가장 중요한 목적이라고 생각합니다. 그렇다면 그 사람은 예배 시간에 무엇을 가장 열심히 할까요? 아마도 뜨겁게 찬송을 부를 것입니다. 하지만 찬송 시간은 예배의 일부분이고, 일반적으로는 설교 시간이 가장 깁니다. 하지만 이 시간 동안에 성도들이 목사님의 설교를 들으면서 자신이 하나님께 영광을 돌리고 있다는 생각을 하는 것이 쉽지는 않을 것입니다. 설교를 잘 듣는 것은 중요하지만 이것이 정말 하나님께 영광이 될 수 있을까요? 된다면 어떻게 그것이 가능할까요? 설교 시간에 하나님의 말씀을 마음에 잘 새기는 것보다 하나님께 영광 돌리는 일은 없습니다. 하나님께 영광 돌린다는 것은 하나님께 없는 어떤 영광을 증가시키는 게 아니라 '거룩하신 하나님을 그대로 하나님으로 인정하는 것'이기 때문입니다.

대부분의 성도들은 예배에 참석하는 주된 목적이 설교를

듣는 데 있다고 생각하는 것 같습니다. 설교를 들으며 뭔가 하나라도 배우고 그 속에서 은혜를 받으려는 것이지요. 하지만 그런 경우, 하나님께 영광 돌리는 것이 아니라 예배 중에 뭔가를 받는 것이 예배의 주목적이 될 것입니다. "오늘 예배 좋았어?"라는 질문에 "그래 좋았어"라고 대답할 때, 그 기준은 무엇일까요? 하나님께 영광 돌리는 것이 정말로 가장 중요한 기준이라면 하나님께 얼마나 영광을 잘 돌렸는지가 판단 기준이 될 것입니다. 그렇지 않다면 얼마나 은혜를 받았는지가 판단 기준이 될 테지요.

여기서 질문의 방향을 바꿔 보겠습니다. 하나님은 예배에서 무엇을 기대하실까요? 삼위 하나님이라면 예배 시간에 무엇을 하실까요? 다시 한번 강조하지만 예배의 목적을 말할 때, 그 기준은 우리가 아니라 삼위 하나님이 되어야 합니다. 그래야 예배의 목적이 분명해집니다.

예배의 목적을 보다 구체적으로 알기 위해 주일이라고 부르는 안식일에 대해 생각해 봅시다. 하나님은 일주일에 한 날을 정하시고, 그날에 모든 성도가 함께 모여 예배하기를 원하십니다. 하나님은 이날에 성도들이 어떻게 지내는 것을 좋아하실까요? 아주 분주하게 지내는 것을 좋아하실까요, 아니면 편안하게 지내는 것을 좋아하실까요? 하나님께서 우리에게

한 날을 안식일로 주신 목적은 우리로 하여금 안식하면서 평안 가운데서 하나님과 교제하게 하는 데 있습니다.

간단히 말해 삼위 하나님은 예배 가운데 세례 받은 신자들 및 그들의 자녀들과 더불어 교제하기를 원하십니다. 이것이 예배의 가장 중요한 목적입니다. 그렇다면 좋은 예배란 이 교제가 잘 일어나는 예배입니다. 설교를 비롯한 예배의 모든 요소는 바로 이 목적을 위해 존재합니다. 사도 요한은 이 점을 다음과 같이 잘 정리해 주었습니다. "우리가 보고 들은 바를 너희에게도 전함은 너희로 우리와 사귐이 있게 하려 함이니 우리의 사귐은 아버지와 그의 아들 예수 그리스도와 더불어 누림이라"(요일 1:3). 설교의 목적은 성도를 계몽하거나 감동을 주거나 봉사를 독려하는 것이 아니라, 설교자와 청중이 서로 교제(코이노니아)하는 것이고, 이 교제는 반드시 삼위 하나님과의 교제로 나아가야 합니다.*

---

* 요한서신에 나타난 사귐의 중요성에 대해서는 다음 책을 참고하라. 최승락, 『사귐의 환희』(그라티아, 2013).

어떻게 예배해야 하는가?

"어떻게 예배해야 하는가"는 예배의 방식과 관련된 질문입니다. 우리가 잘 아는 십계명을 예로 들어 설명해 보겠습니다. 십계명의 제1계명에서 제4계명까지는 모두 예배와 관련되어 있습니다. 제1계명이 예배의 대상에 관한 것이라면 제2계명은 예배의 방식에 관한 것입니다. 참고로 제3계명은 예배의 태도에 관한 것이고 제4계명은 예배의 시간에 관한 것입니다. 처음 네 계명은 긴밀하게 연결되어 있어 서로 분리하여 이해할 수 없습니다.

오늘날 예배 방식에 대한 논의의 가장 큰 문제점은 예배 대상과 분리되어 있다는 점입니다. 예배 방식을 이야기하면서 예배의 유일한 대상이신 삼위 하나님을 거의 고려하지 않습니다. 그 결과 예배 방식을 하나님이 아니라 인간이 정하게 됩니다. 로마 가톨릭교회에서는 교회가 정하고 회중교회에서는 교인이 정하지요. 정할 때 가장 중요한 기준은 신자들이 좋아하는가의 여부입니다. 그래서 오늘날 많은 교회가 신자들을 만족시키는 '더 나은 예배'를 추구합니다. 여기에는 전제가 하나 있습니다. 현재의 예배는 부족하고 더 나은 예배가 존재한다는 것입니다. 과연 더 나은 예배라는 것이 존재할까요?

예배의 방식이나 형식과 관련하여 우리는 두 가지 극단을 피해야 합니다. 하나는 예배 형식에 지나치게 집착하는 것이고, 다른 하나는 예배 형식을 아예 무시하는 것입니다. 예배 형식을 무시하는 가장 중요한 이유는 형식보다 내용이 중요하다고 보기 때문입니다. 이렇게 생각하는 사람들은 외적인 형식보다는 내면의 태도나 열정을 중요하게 여깁니다. 이 주장 자체는 틀리지 않습니다. 외적인 형식만 중요시하고 내적인 면을 무시하는 신자는 위선자가 될 테니까요.

그러나 예배 형식을 무시하는 생각 속에는 아주 근본적인 오류가 숨어 있습니다. 외적인 형식을 무시하는 것도 하나의 중요한 형식이라는 점을 간과하는 것입니다. 현대주의의 영향을 받은 미국 교회의 예배에서는 목사가 청바지에 티셔츠를 입고 강단에 올라갑니다. 강대상 없이 무선 마이크를 사용하기 때문에 자유롭게 이리저리 돌아다니면서 설교합니다. 청중의 옷차림은 더 심합니다. 여름에는 상당수의 성도들이 짧은 반바지에 슬리퍼 차림으로 예배에 참석합니다. 콜라나 햄버거를 들고 예배당에 입장하는 사람도 있고, 남녀가 서로 어깨에 손을 얹고 즐기듯 설교를 듣습니다.

형식의 파괴가 과연 올바른 결과를 가져올까요? 교회마다 다르겠지만 그런 형식의 예배에서는 경건함을 찾기가 쉽지 않습니다. 무엇보다 설교 내용이 빈약한 경우가 많고, 청중도 설교를 권위 있는 하나님의 말씀으로 받지 않으며, 설교자 역시 하나님의 말씀을 전한다는 의식이 약합니다. 이런 무형식 예배의 가장 큰 문제점은 성부, 성자, 성령 하나님을 의식하지 않는다는 것입니다. 그냥 편안하게 예배당에 앉아서 목사가 제공하는 예식을 즐길 뿐입니다.

이와 정반대로 예배 형식을 지나치게 따지는 교회도 있습니다. 로마 가톨릭교회나 정교회나 성공회가 대표적인 예입니다. 그들은 정형화된 틀에 맞추어 예배를 드려야 한다고 생각합니다. 설교도 목사가 자유롭게 하는 게 아니라 교회력에 따라 본문이 정해져 있습니다. 집례하는 신부/목사도 규정된 방식대로 예배를 인도해야 합니다. 로마 가톨릭교회의 경우 소속된 모든 교회의 예배가 동일합니다. 이와 같은 방법을 통해 로마 가톨릭교회는 전세계 교회와 일체감을 형성하고 있습니다. 예배의 형식이 엄격할 뿐만 아니라 예배 전체가 성직자들에 의해 철저하게 통제되고 있습니다.

외적으로 로마 가톨릭교회나 정교회의 예배는 매우 근엄해 보입니다. 적어도 개신교회의 예배에 비해 질서와 체계가 잘 잡혀 있습니다. 문제는 성경이 이와 같은 예배 형식을 보장하지 않는다는 것입니다. 성경은 어디서도 특정한 예배 형식을 제공하지 않습니다. 다만 예배의 본질적인 요소들을 규정하고 있습니다. 예를 들어 찬송의 내용은 제공하지만 찬송의 가락은 제공하지 않습니다. 따라서 교회가 어떤 획일화된 예배 형식을 강요한다면 그것은 성경이 말하는 범위를 뛰어넘는 것입니다.

결국 예배는 삼위 하나님께서 원하시는 방식이어야 하고, 그 방식은 성경에 규정되어 있습니다. 여기서 규정되었다는 것은 성경이 모든 것을 일일이 규정했다는 뜻이 아닙니다. 예배에 필수적인 어떤 것들은 규정하지만, 어떤 것들은 개교회에 자유를 주었다는 뜻입니다. 이 점을 잘 이해해야 지나친 무형식주의에 빠지지 않고, 반대로 과도한 형식주의에도 빠지지 않을 수 있습니다. 그렇다면 성경에 구체적으로 어떤 것들이 규정되어 있고 어떤 것들이 자유에 맡겨졌는지 알아야 할 것입니다.

한 걸음 더 들어가기
세대통합 예배

오늘날 예배자와 관련하여 잊지 말아야 할 가장 중요한 사실은 아무리 연약한 어린이도 예배자라는 사실입니다. 하지만 어린이와 어른이 따로 예배를 드린 지 꽤 시간이 흘렀습니다. 이것은 바람직한 일도, 보편적인 일도 아닙니다. 교회 역사 전체를 놓고 보면, 어린이 예배가 별도로 시행된 것은 그리 오래된 일이 아닙니다. 18세기 이후 산업혁명으로 급속한 도시화가 진행되면서 어린이들이 방치되자 교회는 어쩔 수 없이 어린이만을 위한 예배를 따로 드려야 했습니다. 그로 인해 어린이들이 공예배에서 소외되어 왔으나 이제는 어린이도 공예배를 함께 드리는 성도라는 인식을 회복해야 합니다.

최근 교회 안에서 어린이 수가 급감하면서 세대통합 예배에 대한 관심이 급격하게 높아졌습니다. 이런 관심은 긍정적으로 볼 수 있지만 판단의 기준이나 초점이 지나치게 어린이에게 치우쳐서는 안 될 것입니다. 예배자인 어린이를 고려하지 않을 수는 없지만, 예배와 관련된 문제를 근원적으로 해결하기 위해서는 예배의 대상이신 삼위 하나님을 먼저 고려해야 합니다.

주님은 어린아이가 당신께 오는 것을 용납하라고 명하셨습니다. 과연 하나님은 우리의 자녀들이 어떻게 예배 드리는 것을 원하실까요? 성경이 확실하게 가르치는 교훈은, 부모와 자녀가 함께 예배 드리는 것을 하나님께서 기뻐하신다는 점입니다. 그렇다면 어린이와 관련된 예배에 대한 논의는 여기에서 출발해야 할 것입니다.

2. 성경에 따른 예배

"오직 성경"의 의미

"오직 성경"*(sola Scriptura)은 종교개혁의 신학적 원리를 가장 선명하게 가르쳐 주는 표어입니다. 이 구호에 담긴 정신은 오직 성경만이 신자의 믿음과 생활에 최고의 규범이 된다는 것입니다. 이것은 '오직' 성경만 있으면 되고 다른 것은 필요없다는 것을 의미하지 않습니다. 또한 '오직' 성경만 있으면 교회의 모든 문제가 해결된다는 것을 의미하지도 않습니다.

---

* "오직 성경"의 기본 의미에 대해서는 필자의 다음 책을 참고하라. 이성호, 『다짜고짜 질문으로 시작하는 성도생활백과』(좋은씨앗, 2018), 19-22.

신앙생활을 하다보면 성경이 말하지 않는 여러 영역이 있다는 것을 금세 알게 됩니다. 예배의 영역이 그렇습니다. 예를 들어 예배 시간을 누가 어떻게 정해야 할까요? 성경은 예배 시간에 대해 구체적으로 어떤 지침을 주고 있습니까? 성경은 예배의 날에 대해서만 제4계명을 통해 분명하게 지침을 주고 있습니다. 하지만 예배를 몇 번 드려야 하는지, 몇 시에 드려야 하는지는 전혀 언급하지 않습니다. 그렇기 때문에 모든 교회는 각자 형편에 맞게 예배 시간을 정하고 있습니다. 일반적으로 한국 교회의 예배를 보면, 예배 시간과 관련하여 변하지 않는 성경의 원리(주일 성수)가 있고 그 밖에 상황에 따라 변하는 것이 있음을 알 수 있습니다.

개체 교회가 예배 시간을 자유롭게 정하는 것은 별 문제가 없어 보입니다. 하지만 예배 시간이나 횟수를 아무렇게나 정해도 괜찮을까요? 가령 예배 시간을 밤 11시로 정하는 것은 어떨까요? 새벽기도회가 있음을 감안하면 전혀 문제될 게 없을까요? 저는 지금 예배 시간을 정할 때 분별력이 있어야 한다는 말을 하고 있습니다. 이와 관련해 성경은 중요한 일반 원칙을 제시합니다. "모든 것을 품위 있게 하고 질서 있게 하라"(고전 14:40). 품위와 질서가 무엇인지 구체적인 설명은 나와 있지 않지만, 교회는 예배와 관련해 어떤 결정을 내릴 때 예배를 위한 대원칙으로 제시된 이 두 가지에서 벗어나지 않도록 주의해야 합니다.

그렇다면 품위와 질서의 기준에 따라 예배 문제를 점검해 봅시다. 교회가 부흥하여 교인 수가 늘고 예배 공간이 비좁아졌다면, 예배를 여러 번 나누어 드리는 것이 좋을까요? 이 경우에 다른 교회들도 다 그렇게 하니 별 문제가 없다거나 예배당을 확장하지 않는 한 어쩔 수 없다고 생각할 수 있습니다. 하지만 예배를 나누어 드리면 교회의 공동체성이 현저하게 약화될 것입니다. 좀 과장해서 말하면 한 교회의 성도끼리 일 년 동안 얼굴 한 번 보지 못하고 지낼 수도 있습니다. 이런 교회가 과연 건강하다고 할 수 있을까요? 교회의 공동체성을 아주 소중하게 여긴다면 예배당을 넓은 곳으로 마련하든지, 그것이 불가능하다면 적당한 시기에 교회를 분립하는 방향으로 가야 할 것입니다.

저는 지금 예배를 여러 번 드리는 교회들을 비난하는 것이 아닙니다. 불가피한 경우에는 예배를 여러 번 드릴 수 있고, 그것이 교회에 유익이 될 수 있습니다. 하지만 이 문제를 판단하는 데 정말 품위와 질서라는 성경적 원리를 기준으로 삼았는지 묻고 싶습니다.

믿음으로 드리는 예배

성경은 무엇보다 믿음으로 드리는 예배를 명하고 있습니다. 이것을 가장 확실하게 보여 주는 성경 말씀은 히브리서 11장 6절입니다. "믿음이 없이는 하나님을 기쁘시게 하지 못하나니 하나님께 나아가는 자는 반드시 그가 계신 것과 또한 그가 자기를 찾는 자들에게 상 주시는 이심을 믿어야 할지니라." 여기서 이 본문의 문맥이 예배와 직접 관련이 있다는 점을 눈여겨보아야 합니다. 바로 앞 단락이 가인과 아벨의 제사를 다루고 있기 때문입니다. 히브리서 말씀에서 '나아간다'는 것은 특별히 예배 속에서 하나님과 만나는 것을 전제합니다.

창세기 4장에 나오는 가인과 아벨의 제사 이야기는 유명합니다. 하나님은 가인의 제사를 거부하시고 아벨의 제사는 열납하셨습니다. 이것은 창세기에 나오는 최초의 제사입니다. 따라서 아벨의 제사는 모든 예배의 원형이라고 할 수 있습니다. 당연히 가인의 제사와 아벨의 제사 사이에 "도대체 무슨 차이가 있었는가"라고 질문하지 않을 수 없습니다. 아쉽게도 창세기 본문은 이에 답하지 않습니다. 눈에 띄는 차이는 제물입니다. 가인은 "땅의 소산"으로 제사를 드렸고, 아벨은 "양의 첫 새끼와 그 기름"으로 제사를 드렸습니다. 이 때문에 하나님은 피 제사를 좋아하시고 곡식 제사를 좋아하지 않으신다고 생각할 수 있습니다. 하지만 레위기를 보면 제사에는 동물의 피로 드리는 번제나 속죄제도 있지만 곡식으로 드리는 소제도 있습니다. 무엇보다 창세기 본문이 제물 자체의 가치에 대해 어떤 언급도 하지 않습니다. 따라서 제물의 차이가 참된 예배를 결정하지 않는다고 보아야 합니다.

우리가 섬기는 성부, 성자, 성령 하나님은 이방 신들과 다릅니다. 제물의 종류에 따라 마음이 움직이는 분이 아니십니다. 이 점에서 히브리서 11장 말씀이 매우 중요합니다. 4절을 보십시오. "믿음으로 아벨은 가인보다 더 나은 제사를 하나님께 드림으로 의로운 자라 하시는 증거를 얻었으니 하나님이 그 예물에 대하여 증언하심이라." 이 구절에서 우리는 가인의 제사와 아벨의 제사가 근본적으로 어떻게 다른지 알 수 있습니다. 그것은 믿음의 존재 여부입니다. 아벨은 믿음으로 제사를 드렸고, 가인은 믿음 없이 자기 의로 예배를 드렸습니다.

그렇다면 아벨의 믿음은 어떤 것이었을까요? 여기서 믿음에 대한 분명한 이해가 필요합니다. 사람들마다 각기 다른 의미로 '믿음'이라는 말을 사용하기 때문입니다.* 어떤 신자에게 믿음은 '하면 된다'는 신념을 의미합니다. 또 다른 신자에게 믿음은 '지극한 정성'을 의미하기도 합니다. 하지만 믿음에 대한 이런 개념들은 비성경적, 아니 반성경적입니다. 참된 믿음이란 "나는 할 수 없다"는 고백과 "나의 정성은 아무런 가치가 없다"는 고백을 포함하기 때문입니다. 지극히 당연한 말이지만 믿음의 유일한 대상은 중보자이신 예수님입니다. 예수님을 전적으로 신뢰하지 않는다면 참된 믿음은 불가능합니다.

이 점에서 우리는 아벨의 믿음을 살펴볼 필요가 있습니다. 아벨은 실제로 중보자에 대한 믿음을 가지고 있었을까요? 그렇다면 그 일은 어떻게 가능했을까요? 물론 아벨이 예수님을 정확하게 알았던 것은 아닙니다. 그는 예수라는 이름도 몰랐습니다. 하지만 부모인 아담과 하와로부터 약속의 말씀을 받았습니다. 그 약속은 원시 복음 혹은 어머니 복음이라고 불리는 창세기 3장 15절입니다. "내가 너로 여자와 원수가 되게 하고 네 후손도 여자의 후손과 원수가 되게 하리니 여자의 후손은 네 머리를 상하게 할 것이요 너는 그의 발꿈치를 상하

---

* 이에 대해서는 필자의 다음 책을 참고하라. 이성호, 『다짜고짜 질문으로 시작하는 성도생활백과』(좋은씨앗, 2018), 91-95.

게 할 것이니라." 놀랍게도 이 짧은 구절에 구원에 대한 모든 것이 함축적으로 담겨 있습니다. 가인과 아벨은 이 약속의 복음을 어려서부터 함께 배웠지만 가인은 이를 무시했고, 아벨은 자기 것으로 받아들였습니다. 이 차이는 예배의 차이로 드러났습니다. 비록 아벨은 여자의 후손이 정확히 어떤 사람이고 어떻게 사탄의 세력을 멸망시킬지는 알지 못했지만 장차 오실 구원자에 대한 믿음은 분명했습니다.

믿음과 예배의 관계를 보여 주는 또 하나의 유명한 이야기는 아브라함이 이삭을 제물로 바치려고 한 사건입니다. 많은 사람들이 이 본문에 감동받고 아브라함의 위대한 믿음을 칭송합니다. 그런데 그것은 무엇에 대한 믿음이었을까요? 아브라함은 하나님께서 아들을 번제로 바치는 것 자체를 기뻐하신다고 믿었을까요? 그렇다면 하나님은 사람의 피를 좋아하는 몰렉 같은 이방신과 무슨 차이가 있습니까?

아들을 번제로 드리라는 하나님의 명령을 받았을 때, 아브라함에게 가장 걸렸던 것은 그분의 약속이었습니다. 이삭은 아브라함에게 단순히 여느 아들이 아니라 약속의 자녀였습니다. 하나님은 아브라함에게 이삭을 통해 큰 민족을 이루고 천하만민이 복을 얻게 하겠다고 약속하셨습니다. 그런 이삭을 번제로 바치면 하나님의 약속은 어떻게 되는 것일까요? 불변하는 하나님이시니 약속을 어기실 수 없을 텐데 말입니다. 아브라함은 명백한 모순으로 보이는 하나님의 '약속'과 '명령' 사이의 딜레마를 부활로 해결했습니다. 아들을 번제로 드리더라도 전능하신 하나님께서 다시 아들을 살리실 것이라고 믿었고, 그 믿음에 따라 이삭을 번제로 드리려 했습니다. 히브리서 11장은 이것을 다음과 같이 잘 설명하고 있습니다.

> 아브라함은 시험을 받을 때에 믿음으로 이삭을 드렸으니 그는 약속들을 받은 자로되 그 외아들을 드렸느니라…그가 하나님이 능히 이삭을 죽은 자 가운데서 다시 살리실 줄로 생각한지라 비유컨대 그를 죽은 자 가운데서 도로 받은 것이니라(17, 19절).

여기서 우리는 아브라함이 구체적으로 어떤 믿음을 가지고 있었는지 알 수 있습니다. 그는 약속의 씨는 죽을 수 없고, 죽더라도 하나님께서 다시 살리시리라는 것을 믿었습니다. 여기서 주목할 것은 제물의 내용도, 예배자의 정성도 아닙니다. 약속의 씨가 부활할 것을 믿는 것이 중요합니다. 예수 그리스도의 죽으심과 부활에 대한 온전한 이해와 믿음이 없다면 우리의 예배는 하나님을 기쁘시게 할 수 없습니다.

예배는 믿음으로 드려야 한다는 사실을 사람들은 당연하

게 생각합니다. 하지만 우리의 믿음 자체를 점검할 필요가 있습니다. 우리는 믿음으로 드리는 예배를 그저 '정성을 다하는 예배'로 생각하고 있지는 않나요? 그 믿음은 중보자이신 예수 그리스도와 그분의 구속 사역에 대한 분명한 믿음인가요? "나는 믿어"라는 주관적 판단이 참된 믿음을 보증하지 않습니다. 참된 믿음은 믿음의 대상이 결정하기 때문입니다. 참 하나님이자 참 인간이신 중보자 예수 그리스도를 믿고, 이 믿음으로 드리는 예배만이 참 예배라는 인식을 확실히 가진다면, 우리의 예배는 많은 부분에서 달라질 것입니다.

영과 진리로 드리는 예배

예배 방식에 대해 성경이 분명히 가르치는 교훈은, 예배는 반드시 "영과 진리"로 드려야 한다는 것입니다. "하나님은 영이시니 예배하는 자가 영과 진리로 예배할지니라"(요 4:24).

이 책은 요한복음 4장의 주석이 아니므로 예배와 관련된 중요 이슈를 중심으로 살펴보겠습니다. 첫째, 우리는 예배 대상과 예배 방식이 아주 밀접하게 연결되어 있다는 점을 눈여겨보아야 합니다. 저는 이 책의 서두에서부터 이 점을 지속적으로 강조해 오고 있습니다. 우리가 왜 영과 진리로 예배를 드려야 할까요? 그 이유는 하나님이 영으로 존재하시기 때문입니다. 따라서 영으로 예배 드리지 않는 사람은 하나님이 영이시라는 사실을 부인하는 것입니다. 실제로 하나님이 영이심을 충분히 인식하지 못하는 이방인들은 온갖 우상을 만들어 거기에 예배하고 있습니다.

요한복음에 근거하여 웨스트민스터 신앙고백서(2장 1항)는 하나님을 "지극히 순수한 영"으로 고백하고 있습니다. 천사도 영적 존재지만 하나님은 더 이상 그럴 수 없을 정도로 순수한 영이십니다. 영의 가장 기본적인 의미는 비물질적 실체라는 뜻입니다. 그러므로 무엇보다 하나님은 인간의 눈에 보이지 않습니다. 따라서 그분에 대해 어떤 이미지를 떠올리려 해서는 안 됩니다. 그것은 영이신 하나님을 부정하는 행위입니다.

하나님은 영이시므로 어디에나 계시지만 "이곳에 있다" 혹은 "저곳에 있다"라고 말할 수 없습니다. 예수님은 사마리아 여인에게 "이 산에서도 말고 예루살렘에서도 말고 너희가 아버지께 예배할 때가 이르리라"고 말씀하셨습니다(요 4:21). 이 말씀에 근거하여 웨스트민스터 신앙고백서 역시 "지금과 같은 복음 시대에서는 기도를 비롯해 예배의 다른 부분들이 어디에서 행해지고, 어디를 향해 행해지는가에 매여 있지 않으며, 하나님께 더 잘 받아들여지는 것도 아니다. 하나님은 모든 곳에서 영과 진리로 예배 받으셔야 한다"(21장 6항)라고 말하고 있습니다. 하나님이 영이심을 정말로 믿는 신자라면 기도 응답을 받기 위해 특별한 기도원을 찾아서 헤맬 필요가 없습니다.

"하나님은 영이시니 예배하는 자가 영과 진리로 예배할지니라"는 주님의 말씀을 보면, 앞의 영과 뒤의 영이 동의어가 아님을 쉽게 알 수 있습니다. 만약 두 영이 완전히 동일하다면, 영으로 영에게 예배해야 한다는 의미를 가질 테지요. 영은 헬라어로 프뉴마($πνεύμα$)라고 하는데, 이것은 경우에 따라 성령이라는 뜻으로 사용되기도 합니다. 성부, 성자, 성령 삼위 하나님이 모두 영이시지만 특별히 성부와 성자에게서 나오시는 분을 거룩한 영, 즉 성령이라고 부릅니다. 이와 같은 차이를 인식한다면, 뒤에 나오는 영을 성령이라고 보는 것이 자연스럽습니다.* 영으로 예배 드린다는 말은 성령으로 예배 드린다는 말입니다. 참된 예배자는 자신의 정성이나 열정으로 예배하지 않고 성령의 도우심으로 예배하는 사람입니다.

---

* 권해생, 『요한복음』(대한예수교장로회총회출판국, 2016), 151. 만약 예배자의 태도를 표현하고자 했다면 '프뉴마'가 아니라 '카르디아'를 사용했을 것이다.

영이라는 단어에 바로 이어서 등장하는 "진리"에 대해서도 생각해 볼 것이 있습니다. 여기서 진리는 거짓의 반대 의미로 사용되고 있지 않습니다. 요한복음에서 진리는 종종 그림자 혹은 예표와 대비되는 실체라는 의미로 사용됩니다. 이것을 요한복음 1장에서 찾아볼 수 있습니다. 요한은 세례 요한을 가리켜서 "그는 이 빛이 아니요"라고 서술하고 예수님을 "참 빛"이라고 소개합니다. 예수님이 참 빛이라면 세례 요한은 거짓 빛 혹은 어둠입니까? 그렇지 않습니다. 그는 빛은 아니지만 빛에 대하여 증언하는 매우 중요한 증인입니다. 마찬가지로 구약의 모든 제사 제도들은 장차 임할 참 예배의 그림자였습니다. 이제 실체이신 예수님께서 오셨으니 이전 것은 다 폐지되고, 참된 실체이신 성령으로 예배를 드릴 수 있게 되었습니다. 영과 진리로 예배 드린다는 것은 우리의 주관적인 마음가짐을 뜻하지 않습니다. 오히려 성령의 역할이 예배에서 얼마나 중요한지 "영과 진리"라는 표현을 통해 분명히 인식하게 됩니다.

우리가 예배할 때, 특히 기도할 때 성령께서 우리를 어떻게 도우시는지 그리고 왜 우리는 성령의 도움이 필요한지 웨스트민스터 대교리문답 제182문답이 다음과 같이 잘 정리해 놓았습니다.

182. 성령께서는 어떻게 우리의 기도를 도우십니까?

우리가 마땅히 기도할 바를 알지 못할 때 성령께서는 우리가 누구를 위해, 무엇을 위해 또 어떻게 기도해야 하는지를 깨닫게 하심으로, 또 우리가 기도의 의무를 바르게 행하는 데 꼭 필요한 이해와 정서와 은혜가 (비록 모든 사람들에게, 항상, 같은 정도는 아니지만) 우리 마음 안에서 되살아나고 일하게 하심으로 우리의 연약함을 도우십니다(롬 8:26-27, 시 10:17, 슥 12:10).

웨스트민스터 대교리문답에 따르면, 인간은 원래 기도를 제대로 드릴 수 없는 존재입니다. 기도는 무조건 많이 한다고 해서 늘지 않습니다. 기도는 하면서 배우는 것이 아니라 배우고 나서 해야 하는 경건의 양식입니다. 무엇보다 우리는 무엇을, 어떻게 기도해야 하는지 모르는 존재였습니다. 안다고 해도 실행할 능력이 없었습니다. 철저하게 연약하고 무능력한 존재였습니다. 이것을 보통 "전적 타락"이라고 부릅니다. 따라서 기도는 우리의 연약함을 인정하는 데서 출발해야 합니다. 그때 성령께서 우리의 무지와 연약함을 도와서 올바른 기도로 인도하실 것입니다.

분명한 지식에 근거한 예배

참된 예배는 '분명한 지식'에 근거한 예배입니다. 성령으로 드리는 예배는 결코 우리의 지식을 배제하지 않습니다. 오히려 성령께서 우리의 지성을 조명하여 성경의 의미를 분명하게 깨달아 예배하게 하십니다. 한국 교회의 예배에서 지성이 약화된 것은 참으로 안타까운 일입니다.

예배를 드리는 데 지성이 얼마나 중요한지 예수님의 가르침을 통해 간단히 살펴보겠습니다. 한 율법사가 예수님을 시험하려고 다음과 같이 질문했습니다. "율법 중에서 어느 계명이 크니이까?" 이 질문에 예수님은 신명기 6장 5절을 인용하여 다음과 같이 대답하셨습니다. "네 마음을 다하고 목숨을 다하고 뜻을 다하여 주 너의 하나님을 사랑하라 하셨으니 이것이 크고 첫째 되는 계명이요"(마 22:37). 마음을 다하고 목숨을 다하는 것은 어느 정도 알겠는데, 마지막 구절 "뜻을 다하여"는 이해하기가 쉽지 않습니다. 우리말 용례에 따르면 '뜻'은 의지에 가까운 말입니다. 그렇게 이해하면 마음과 뜻은 사실상 거의 구분되지 않습니다.

'뜻'에 해당하는 헬라어는 디아노이아(διάνοια)입니다. 헬라어 사전을 슬쩍 들추어만 봐도 우리말의 '뜻'과는 거리가 너무 멉니다. 이 단어는 성경에 그리 많이 나오지 않아 의미를 알기가 쉽지 않습니다. 성경의 용례 중에서는 요한일서 5장 20절이 가장 중요합니다. "또 아는 것은 하나님의 아들이 이르러 우리에게 '지각'을 주사 우리로 참된 자를 알게 하신 것과 또한 우리가 참된 자 곧 그의 아들 예수 그리스도 안에 있는 것이니 그는 참 하나님이시요 영생이시라." 여기서 '지각'으로 쓰인 단어가 디아노이아입니다. 이 문장에 따르면 예수님은 우리에게 참된 자를 알게 하시기 위해 디아노이아를 주셨습니다. 따라서 디아노이아는 그리스도를 알게 하는 어떤 능력을 가리킵니다. 그렇다면 디아노이아는 지성이라는 말과 가장 가깝다고 볼 수 있습니다.

신자가 하나님을 사랑할 때 마음을 다하고 목숨을 다해야 하지만 지성도 다해야 합니다. 지성 없이 마음만 다하는 것은 맹목일 뿐입니다. 지성은 예배 속에서도 나타나야 합니다. 대표적인 예를 베뢰아 사람들에게서 찾아볼 수 있습니다. 사도행전 17장 11절은 다음과 같이 기록하고 있습니다. "베뢰아에 있는 사람들은 데살로니가에 있는 사람들보다 더 너그러워서 간절한 마음으로 말씀을 받고 이것이 그러한가 하여 날마다 성경을 상고하므로." 마지막에 '상고한다'는 말은 분별하여 판단한다는 의미입니다. 베뢰아 사람들은 무엇이 탁월했나요?

그들은 사도 바울이 전하는 복음의 말씀을 마음으로 간절히 받았습니다. 그런데 거기서 끝나지 않습니다. 그들은 바울이 전한 말씀이 정말로 맞는지 성경으로 검증했습니다. 그것도 '날마다' 그렇게 했습니다.

아직 신약성경이 완성되지 않은 시기이므로 사도행전 17장에서 말하는 성경은 당연히 구약성경을 의미합니다. 베뢰아 사람들은 오늘날 설교를 듣는 성도들에게 아주 좋은 모범이 됩니다. 참된 예배자는 목사의 설교에 무조건 "아멘" 하고 설교 후에 잊어버리는 사람이 아닙니다. 참된 예배자는 예배를 마치고 집에 가서 성경을 찾아보고 목사의 설교가 정말 그러한지 확인하는 사람입니다. 설교를 듣다가 의문이 생기면 목사에게 가서 일일이 따지라는 말이 아닙니다. 성경을 보며 목사의 설교를 점검하고, 정말 그것이 맞다면 그 설교를 사람의 말이 아니라 준엄한 하나님의 말씀으로 받아들여야 한다는 뜻입니다.

설교뿐 아니라 기도에서도 지식은 대단히 중요합니다. 고린도전서 14장은 바른 지식이 기도에 얼마나 중요한지 잘 가르쳐 주고 있습니다. 잘 알려져 있듯이 고린도교회에는 특별한 은사를 가진 사람들이 많았습니다. 하지만 그 은사들이 교회를 세우기는커녕 어지럽히고 있었습니다. 특별히 방언의 은사를 받은 사람들이 그러했습니다. 여기서 방언이란 언어학적으로 설명하거나 분석할 수 없는 이상한 언어가 아니라 외국어를 뜻합니다. 외국어는 그 언어를 사용하는 사람들만 알아들을 수 있지 그렇지 않은 사람들에게는 아무 소용이 없습니다. 그럼에도 듣는 사람을 전혀 고려하지 않고 예배 시간에 방언으로 말하거나 기도하는 사람들이 있었습니다.

바울 사도는 알아들을 수 없는 기도가 얼마나 무익한지 구약성경과 인간의 경험을 들어 그들에게 확실히 증명했습니다. 피리나 거문고가 음을 구분하지 않고 소리를 내면 그것이 무슨 악기인지 어떻게 알겠습니까?(고전 14:7) 나팔이 분명하지 않은 소리를 내면 어떻게 전투를 준비하겠습니까?(고전 14:8) 마찬가지로 알아듣기 쉬운 말을 하지 않는 것은 허공에 대고 말하는 것과 같습니다(고전 14:9). 아무리 영으로 축복하면서 기도하더라도 그 언어를 알지 못한다면 무슨 말을 했는지 알 수 없고, "아멘"으로 화답할 수도 없습니다. 이와 같은 이유로 웨스트민스터 신앙고백서는 소리 내어 기도할 때에는 모두가 알아들을 수 있는 말로 해야 한다고 규정하고 있습니다(21장 3항).

3. 예배의 요소 (1)

지금까지 예배의 기본 개념과 원리, 성경에 따른 예배에 대해 살펴보았습니다. 이 장에서는 예배의 요소들을 살펴보려고 합니다. 예배의 각 요소마다 다룰 내용이 상당히 많습니다. 설교라는 주제 하나만 해도 책 한 권이 모자랍니다. 따라서 예배의 요소 자체를 다루기보다 그것들이 예배와 관련해 어떤 의미가 있는지 간략하게 살펴보겠습니다.

설교: 하나님의 말씀

개신교 신자라면 누구나 설교가 예배에서 가장 중요한 요소라고 인정할 것입니다. 실제로 설교는 예배에서 가장 많은 시간을 차지합니다. 설교 시간에는 설교를 하는 설교자가 있고 설교를 듣는 청중이 있습니다. 그래서 설교자가 해야 할 일이 있고 청중이 해야 할 일이 있습니다. 이 둘은 서로 밀접하게 연결되어 있는데 의외로 둘을 균형 있게 다루는 것이 쉽지 않습니다. 일반적으로 설교학에서는 주로 설교자의 입장에서 어떻게 설교를 잘 할 것인가 또는 어떻게 하면 청중을 설득하고 감동을 줄 것인가를 다룹니다. 설교를 듣는 청중에 대해서도 언급은 하지만 구체적으로는 다루지 않습니다.* 설교학이 이런 특성을 보이는 주된 이유는 설교를 예배의 관점에서 바라보지 않기 때문입니다.

설교학과 달리 예배학은 설교를 듣는 청중에게 보다 더 관심이 있습니다. 예배의 관점에서 바라본 설교의 가장 중요한 특성은 설교가 하나님의 말씀이라는 사실입니다. 이것은 제2스위스 신앙고백서 제1장이 가장 분명하게 진술하고 있습니다. "하나님 말씀의 설교는 하나님의 말씀이다." 여러분은 이 고백을 어떻게 생각하십니까? 성경은 하나님의 말씀이지만

---

* 이 주제에 대해서는 다음 책을 참고하라. 손재익, 『설교, 어떻게 들을 것인가?』 (좋은씨앗, 2018).

설교는 그렇지 않다고 생각하는 사람들이 적지 않습니다. "설교는 하나님의 말씀이다"라고 말은 해도 그냥 비유적인 측면에서 그렇다고 생각합니다. 하지만 종교개혁가들은 성경뿐 아니라 설교도 하나님의 말씀임을 확신했습니다.

설교가 하나님의 말씀이고 예배에서 가장 중요하다면 청중으로서 성도가 해야 할 일은 목사의 설교를 하나님의 말씀으로 받는 것입니다. 이것은 예배의 주체가 하나님이라는 우리의 인식을 다시 한번 확인시켜 줍니다. 예배에서 성도의 가장 중요한 행위는 드리는 것이 아니라 겸손하게 받는 것입니다. 신자는 하나님의 말씀을 들음으로 받습니다. 따라서 들음은 예배에서 가장 중요한 행위라고 할 수 있습니다. 하나님은 이사야 선지자를 통해 "너희 모든 목마른 자들아 물로 나아오라"(사 55:1)고 초청하며 이렇게 말씀하셨습니다. "너희는 귀를 기울이고 내게로 나아와 들으라 그리하면 너희의 영혼이 살리라"(3절). 이 구절에서 우리는 들음이 단순히 수동적인 행위가 아니라는 것을 알 수 있습니다. 이 점에서 웨스트민스터 신앙고백서는 예배의 요소로 설교를 언급할 때 "주의 깊은 경청"(conscionable hearing)도 함께 언급하고 있습니다(21장 5항). 따라서 설교는 목사의 일방적인 선포만으로 충분하지 않고 회중의 경청을 통한 영접이 있어야 완성됩니다. 경청은 지성과 믿음과 경외감 속에서 이루어져야 하고, 그 목적은 하나님에 대한 순종이라고 신앙고백서는 계속해서 설명합니다.

성경과 설교 모두가 하나님의 말씀이기는 하지만 둘 사이에는 차이점도 있습니다. 성경은 그 자체가 하나님의 말씀이지만, 설교는 '조건적으로' 하나님의 말씀입니다. 즉 설교가 하나님의 말씀이 되기 위해서는 하나님의 말씀을 설교해야 한다는 전제 조건이 따릅니다. 설교 중에 하나님의 말씀을 전하지 않는다면 그것을 더 이상 설교라고 할 수 없습니다.

그러므로 성도는 예배 시간에 설교를 들을 때 설교자가 하나님의 말씀을 전하는지 분별해야 합니다. 그리고 설교자가 하나님의 말씀을 신실하게 전한다면 그 말씀을 사람의 말이 아니라 하나님의 말씀으로 받아야 합니다. 이에 대한 가장 좋은 예를 데살로니가 교인들에게서 찾아볼 수 있습니다.

> 우리가 하나님께 끊임없이 감사함은 너희가 우리에게 들은 바 하나님의 말씀을 받을 때에 사람의 말로 받지 아니하고 하나님의 말씀으로 받음이니 진실로 그러하도다 이 말씀이 또한 너희 믿는 자 가운데에서 역사하느니라(살전 2:13).

사도 바울이 하나님의 말씀을 전했을 때, 데살로니가 교인들은 단순히 '참 은혜롭게 말씀을 전하는구나'라고 생각하는 데서 그치지 않고 그것을 하나님의 말씀으로 받아들였습니다. 그럴 때 그 말씀이 믿는 자들 가운데서 강력하게 역사할 수 있었습니다. 이러한 설교의 선순환 구조가 오늘날에도 예배 시간에 계속 나타나야 합니다.

설교가 하나님의 말씀이라는 것을 다시 한번 상기하고자 합니다. 설교가 하나님의 말씀이라면 설교자의 가장 기본적인 사명은 하나님이 누구신지, 그분이 우리를 위해 어떤 사역을 하시는지를 선포하는 것입니다. 청중은 무엇보다 설교 시간에 성부, 성자, 성령 삼위 하나님의 성품과 사역에 대해 듣기를 사모해야 합니다.

설교를 이야기하며 성령의 조명을 빼놓을 수 없습니다. 설교가 하나님의 말씀이라면 인간의 지성으로는 온전히 이해할 수 없습니다. 성령께서 우리의 지성에 빛을 비추셔야 우리는 제대로 깨달을 수 있고, 그 결과 삼십 배, 육십 배, 백 배의 결실을 얻을 수 있습니다. 예수님은 이 사실을 마태복음 13장에서 '씨 뿌리는 비유'를 들어 잘 가르쳐 주셨습니다. 열매를 맺고 안 맺고의 여부가 무엇에 달려 있습니까? 듣는 데에는 차이가 없습니다. 깨달음이 결정적인 역할을 합니다. 이것은 성령의 사역 말고는 달리 설명할 길이 없습니다.

예배 중에 회중이 설교를 듣는 목적은 단순히 성경 본문을 잘 이해하기 위함이 아닙니다. 머리로 이해하고 마음에 새겨서 그리스도의 형상으로 변화되는 것이 목적입니다. 청중은 최대한 분별하여 설교를 듣고 겸손한 마음으로 받고 삶에 적용시켜야 하지만, 궁극적으로 성령께서 설교 말씀과 함께 역사하실 때 그것이 우리에게 하나님의 말씀이 됩니다. 이와 같은 이유로 교회는 전통적으로 설교 전에 성령의 임재를 구하는 기도를 했는데, 이를 에피클레시스(epiclesis)라고 부릅니다. 오늘날 개혁교회에서는 이것을 주로 '조명을 위한 기도'라고 부릅니다.

기도

웨스트민스터 신앙고백서는 기도가 예배의 한 부분임을 명백하게 밝히고 있습니다. "감사로 드리는 기도는 예배의 특별한 한 부분으로 하나님은 모든 사람에게 이를 요구하신다"(21장 3항). 기도는 개인적으로 얼마든지 할 수 있지만, 성도들이 모인 공적 예배에서도 이루어져야 합니다. 그리고 이 기도는 더욱 엄숙하게 시행되어야 합니다(21장 6항).

기도를 예배의 관점에서 이해할 때, 우리는 "기도를 들으시는 하나님은 어떤 분인가?"라는 중요한 질문을 하게 됩니다. 지금까지 이 책을 정독했다면 단순히 "하나님"이 아니라 "삼위 하나님"이라고 답하겠지요. 그런데 좀 더 깊이 들어가 그 삼위 하나님이 어떤 하나님이신지 우리는 물어야 합니다. 예배 중에 성도는 특별히 하나님의 어떤 성품을 의식하며 기도해야 할까요?

마태복음 6장에서 예수님은 주기도문을 가르치시기 직전에 기도의 자세와 관련해 두 가지를 말씀하셨습니다. 이것은 기도를 들으시는 하나님의 성품과 직접적인 관계가 있습니다. 첫째, 하나님은 '은밀한 중에 보시는 분'입니다. 의외로 많은 신자가 놓치는 부분입니다. 하나님이 은밀한 중에 보시는 분임을 정말 믿습니까? 그렇다면 기도를 어떻게 해야 할까요? 적어도 바리새인처럼 기도하지는 말아야 합니다. 그들은 사람에게 보이려고 외식하며 기도했습니다. 그 덕분에 사람들에게 인정받고 자신이 의도한 바를 이루었는지는 몰라도 하나님께는 아무 상도 받지 못했습니다.

둘째, 하나님은 우리가 '구하기 전에 우리에게 있어야 할 것을 아시는 분'입니다. 신자들은 기도할 때 이 점을 꼭 알아야 합니다. 이것을 아느냐 모르느냐에 따라 기도의 내용과 태도가 완전히 달라집니다. 예수님은 이방인들이 중언부언하며 기도하는 것을 지적하셨는데, 그들은 자기 신들에게 기도할 때 "말을 많이 하여야 들으실 줄 생각"했기 때문입니다. 많은 말로 기도를 오래하는 것이 잘못이 아니라, 기도를 오래해야 응답받을 것이라고 생각하며 기도하는 것이 잘못입니다. 신자는 그렇게 기도해서는 안 됩니다. 우리가 믿는 하나님은 그런 분이 전혀 아니십니다.

하나님을 이방의 신처럼 생각하는 신자들은 주로 무엇을 먹을까 무엇을 입을까 걱정하면서 기도합니다. 하지만 우리 주님은 이렇게 선언하셨습니다. "너희 하늘 아버지께서 이 모든 것이 너희에게 있어야 할 줄을 아시느니라"(마 6:32). 우리가 구하기도 전에 하나님께서 우리에게 있어야 할 것을 아신다면 어떻게 해야 할까요? 어떤 사람은 이렇게 말합니다. "그러면 기도할 필요가 없겠네요." 그렇지 않습니다. 우리가 믿는 하나님은 우리의 모든 필요를 아시는 분이기에 우리는 이방인과 다르게 "하나님의 나라와 의를" 먼저 구할 수 있습니다. 예수님은 우리가 구하기 전에 하나님 아버지께서 다 아신다고 말씀하신 후 "그러므로 너희는 이렇게 기도하라"고 명하시며 주기도문을 가르쳐 주셨습니다. 신자의 기도는 이방인처럼 자기 뜻을 구하는 게 아니라 하나님의 뜻을 구해야 합니다.

지금까지 기도의 일반 원리를 다루었습니다. 모든 기도는 주님이 가르치신 규범을 따라야 합니다. 그런데 예배 중에 시행되는 공적인 기도는 개인적인 기도와 달리 여러 모로 생각할 점이 많습니다.* 예를 들어 개인 기도와 달리 공적 기도는 침묵 기도가 불가능하고 시간의 제약을 받습니다. 무엇보다 타인에게 전달되어야 한다는 특성이 있습니다. 그러므로 공적 기도를 할 때는 청중이 알아들을 수 있는 언어를 사용해야 합니다. 이렇게 기도하는 것이 너무나 당연하다고 생각하겠지만, 종교개혁 이전까지 공적 기도는 일반인은 알아듣지 못하는 라틴어로 행해졌습니다. 이 때문에 웨스트민스터 신앙고백서는 예배 중의 기도는 "모두가 알 수 있는 언어로" 기도해야 한다고 규정하고 있습니다(21장 3항). 그런 점에서 우리는 예배 중에 방언기도나 통성기도를 하는 것도 조심할 필요가 있습니다.**

청교도 전통에 서 있는 대부분의 한국 교회는 공적 기도

---

* 공적인 기도를 위한 간략한 지침에 대해서는 다음 책을 참고하라. 필립 G. 라이큰, 데릭 토마스, 리곤 던컨 3세, 김병하, 김상구 역, 『개혁주의 예배학: 예배 개혁을 위한 비전』(P&R, 2012), 268-287.

** 방언에 대해서는 필자의 다음 글을 참고하라. 성희찬 외, 『교회의 직분자가 알아야 할 7가지』(세움북스, 2016), "성경이 말하는 방언", 219-226.

의 직무를 기도 인도자 개인에게 전적으로 맡기고 있습니다. 주로 장로가 나와서 기도를 하고, 장로가 없는 경우에는 집사가 기도합니다. 이와 같은 기도 방식은 오늘날 우리에게 자연스럽지만, 실은 오랜 세월 격렬한 투쟁을 통해 교회 안에 정착된 것입니다.

그렇더라도 공적인 기도를 기도자가 마음대로 할 수는 없습니다. 예배 시간에 드리는 기도는 공적인 예배 행위입니다. 설교에 목사 개인의 생각을 집어넣어서는 안 되고 하나님의 순전한 말씀만을 선포해야 하듯이, 기도 인도자도 개인의 소망을 기도 속에 넣어서는 안 됩니다. 공적인 기도는 그 자리에 참석한 모든 성도가 동의할 수 있는 내용이어야 합니다.

마지막으로 기도의 마침에 대해 생각해 보겠습니다. 우리가 개인적으로 기도할 때는 보통 "예수님의 이름으로 기도합니다"라고 말하며 마칩니다. 그런데 교회 예배 시간에 드리는 공적인 기도는 어떤가요? 보통은 기도 인도자가 "예수님의 이름으로 기도합니다"라고 말하면 회중이 "아멘"으로 화답합니다. 그 후에 찬양대나 피아노 연주가 이어지고 회중은 연주를 들으며 각자 기도합니다. 기도를 마쳤는데 한쪽에서 노래를 부르고 다른 한쪽에서는 또 기도를 드립니다. 이것은 공적인 기도와 사적인 기도가 결합된 형태라고 볼 수 있지만, 보기에 따라 매우 어색한 장면이기도 합니다. 회중의 "아멘"으로 기도를 마치는 것이 가장 좋고, 좀 더 격식을 갖추려면 찬양대를 포함하여 다 함께 아멘송을 부르는 것도 좋은 방법입니다.

찬송

찬송은 보통 곡조 있는 기도라고 불립니다. 본질에서 기도와 다르지 않습니다. 다만 곡조가 있기 때문에 기도를 통해서는 할 수 없는 일들이 가능합니다. 공적인 기도는 모두가 함께 할 수 없고 한 명이 회중을 인도할 수밖에 없지만, 찬송은 곡조가 있으므로 모두가 동일한 내용으로 함께할 수 있습니다. 이것이 찬송이 주는 큰 유익입니다.

   신자들은 적어도 찬송에 대해 다음 세 가지를 알아야 합니다. 첫째, 찬송에 대한 성경의 교훈, 둘째, 찬송의 역사, 셋째, 각 찬송에 대한 개별 지식입니다. 저는 이 세 가지에 대해 이미 책을 썼고* 여기에서는 예배의 관점에서만 논의하려고 합니다. 의외로 잘 모르는 사람들이 많은데, 회중의 찬송을

✱ 이성호, 『바른 예배를 위한 찬송 해설』(SFC, 2018).

인도하는 직무를 맡은 사람은 목사입니다.* 아쉽게도 이 직무의 중요성은 거의 사문화되었을 뿐 아니라 현실적으로도 적용이 불가능하게 되었습니다. 실제로 성도들은 목사가 아니라 찬양대 지휘자나 찬양팀 인도자가 찬송을 인도해야 한다고 생각합니다. 심지어 목사 자신들도 찬송을 인도해야 한다는 인식이 거의 없습니다.

원래 목사가 찬송 인도를 맡은 이유는 찬송이 갖고 있는 특성 때문입니다. 찬송은 가사와 가락으로 구성되어 있습니다. 둘 다 중요하지만 더 중요한 것은 가사입니다. 가사가 잘못되면 아무리 좋은 가락을 사용해도 바른 찬송이 될 수 없습니다. 특히 예배 시간에 부르는 찬송은 가사가 예배에 적합해야 합니다. 이와 같은 내용을 성도들이 구별하기는 쉽지 않습니다. 어느 정도 신학적 소양이 있어야 가능한 일입니다.

예배의 관점에서 목사가 찬송을 지도해야 하는 이유는 찬송이 예배 속에서 이루어지기 때문입니다. 단적인 예로 목사가 승천하신 그리스도에 대한 설교를 준비했는데, 찬양대가 그리스도의 수난에 대한 찬송을 부른다면 어떻게 될까요? 개신교의 예배는 기본적으로 설교가 중심이 될 수밖에 없고, 그

---

* 대한예수교 장로회 총회(고신), 『헌법』(총회출판국, 2011), 제41조 3항.

렇다면 효과적인 예배를 위해 찬송을 목사의 지도 아래 두는 것이 바람직합니다.

한 예로 "주여 지난 밤 내 꿈에 뵈었으니"라는 찬송이 있습니다. 멜로디는 좋지만 조금만 더 생각하면 이 찬송은 작사자의 지극히 개인적인 경험을 노래하고 있어 공예배용 찬송으로는 그리 적합하다고 볼 수 없습니다. 신학적으로 문제가 있는 찬송도 있습니다. 성탄절에 자주 부르는 "그 어린 주 예수"라는 곡을 생각해 봅시다. 2절의 가사는 다음과 같습니다. "저 육축 소리에 아기 잠 깨나 그 순하신 예수 우시지 않네." 이 가사는 완전한 인성을 가지신 예수님에 대해 잘못된 인식을 심어 줄 수 있습니다. 그런 점에서 "우시지 않는 아기 예수"는 신학적으로 문제가 있는 표현입니다. 이런 오류를 누가 분별할 수 있을까요? 개인적으로 부르는 노래라면 몰라도 예배 시간에 공적으로 부르는 찬송은 보다 더 철저하게 검증할 필요가 있습니다. 공인된 찬송도 이런 형편인데 신학적으로 검증되지 않은 다른 곡들은 어떻겠습니까?

기도를 다루면서 충분히 강조했지만, '누구에게' 찬송하는가도 중요한 문제입니다. 유일하고 참되신 성부, 성자, 성령 삼위 하나님이 이 질문의 정답이라고 한다면, 오늘날의 찬송은 심각한 결함이 있습니다. 찬송받는 대상에 대한 인식이 희미해져 있기 때문입니다. 그 결과 오늘날 예배 중에 송영이 사라졌습니다. 글로리아 파트리(Gloria Patri)라고 불리는 송영은 삼위 하나님을 가장 분명하게 직접 노래하는 찬송입니다. 다행히 현재 찬송가 속에 예닐곱 곡이 남아 있으나, 오늘날 예배 시간에 거의 부르지 않는 것이 아쉽습니다. 찬송의 대상을 분명히 한다는 점에서 송영이 회복되면 좋겠습니다. 예배를 송영으로 시작하는 것도 좋은 방법입니다. 송영의 회복이야말로 예배 갱신의 첫 출발이라고 할 수 있습니다.

한 걸음 더 들어가기

시편 찬송

예배를 논하며 시편 찬송을 이야기하지 않을 수 없습니다. 10여 년 전만 해도 시편 찬송은 생소한 주제였기에 시편 찬송을 부르는 교회를 이단시하기도 했지만, 이제 그런 오해는 많이 사라졌습니다. 시편 찬송의 중요성을 알고 불러야 한다는 목소리가 있어도 막상 실제로 부를 시편 찬송이 없는 것도 문제였습니다. 지금은 제네바 시편 찬송은 물론 스코틀랜드 시편 찬송도 많이 소개되었습니다. 보다 바른 예배를 원하는 교회들이 점차 시편 찬송을 도입하는 것도 반가운 일입니다.

무엇보다 성경이 시편 찬송을 명하고 있습니다. "'시편'과 찬송과 신령한 노래들로 서로 화답하며"(엡 5:19). "'시편'과 찬송과 신령한 노래를 부르며"(골 3:16). 이 두 구절에서 저는 의

도적으로 '시'라고 번역된 단어를 원어에 맞게 '시편'으로 바꾸었습니다. 이 구절들은 찬송에 대한 매우 중요한 지침을 제공하고 있습니다. 사실 성경에서 거의 유일한 지침입니다. 이 구절에서 우리는 시편이 주님이 명하신 찬송임을 분명히 알 수 있습니다. 찬송을 진정으로 사랑한다면 성경의 이 규범을 소홀히 해서는 안 될 것입니다.

무엇보다 시편은 성령으로 직접 영감되었다는 점에서 인간이 지은 다른 찬송가와 비교될 수 없습니다. 시편이 왜 성경에 포함되었을까요? 신자들이 열심히 읽도록 하기 위해서일까요? 물론 그런 점도 있지만 그것은 시편의 주된 목적이 아닙니다. 읽기 위해서라면 굳이 시로 기록되지 않았을 테지요. 시편의 주된 목적은 예배 시간에 공적으로, 그리고 사적으로 불리는 것입니다. 성도들은 창세기나 로마서 같은 책도 열심히 읽어야 하지만 시편이나 아가서를 아름답게 노래할 의무도 있습니다.

시편은 교회 역사상 교파를 초월하여 불러 온 공교회적인 노래입니다. 신앙의 선배들은 시편을 통해 하나님께서 원하시는 제물인 "상한 심령"(시 51:17)을 바쳤습니다. 특별히 종교개혁의 후손들은 시편으로 하나님을 찬송하는 데 힘썼습니다. 장로교회는 아예 신앙고백 속에서 시편 찬송을 불러야 한다는 조항을 수록했고(21장 5항), 상당히 공들여 시편 찬송을 실제로 편집, 제작하기도 했습니다. 시편 찬송은 이러한 교회 역사 속에서 보편성을 갖게 되었습니다. 정말로 사도신경에서 고백하는 대로 '공교회'를 믿는다면, 가장 보편적인 찬송인 시편 찬송을 간과해서는 안 될 것입니다.

감사하게도 오늘날 좋은 시편 찬송이 계속 출간되고 있습니다. 무엇보다 목사부터 찬송이 무엇인지 잘 알고 성도들에게 가르쳐야 합니다. 그리고 시편의 아름다움과 그 속에 담긴 놀라운 교훈들을 설교를 통해 성도들에게 잘 전해야 합니다.

4. 예배의 요소 (2)

성례

"은혜 언약의 거룩한 표(sign)와 인(seal)"(웨스트민스터 신앙고백서 27장 1항)으로서 성례는 보이는 말씀입니다. 성례는 단지 상징이 아니라 보이는 말씀으로서 설교와 더불어 신자들에게 실제로 은혜가 전달되는 외적 수단입니다. 복음의 설교는 신자들에게 믿음을 일으키고 성례의 시행은 그 믿음을 더욱 굳건하게 합니다(하이델베르크 요리문답 제65문답). 따라서 설교와 성례는 결코 분리될 수 없습니다. 설교만 들은 신자의 믿음은 약할 수밖에 없습니다. 신자의 참된 믿음은 반드시 강한 믿음으로 자라야 합니다. 이 성장은 예배 속에서 시행되는 성례를 통해 이루어집니다.

설교가 중요한 것은 사실이지만 예배에서 지나치게 큰 비중을 차지하게 된 것은 유감스러운 일입니다. 적어도 종교개혁의 후손이라면 성례에 대해 성찰해야 합니다. 역사적으로 성례의 위상은 개혁교회 안에서 점점 낮아지는 경향을 보였습니다. 오늘날에는 찬송이 성례의 위치를 대신하고 있습니다. 세례가 거의 형식적으로 시행되며 성찬 횟수도 일 년에 두세 차례에 지나지 않습니다. 하지만 종교개혁자 칼빈은 적어도 일주일에 한 번은 성찬을 시행해야 한다고 확신했습니다.

성례가 약화된 주된 이유 중 하나는, 하나님의 말씀에 무지하기 때문입니다. 그다음으로는 신앙고백에 무지하기 때문입니다. 신앙고백을 통해 성례에 대해 잘 알게 되었다 하더라도 머리로만 이해하면 성례의 시행에는 별 관심이 없을 수 있습니다. 성례에 대해 공부를 많이 하는 것보다 성례에 자주 참여하는 것이 훨씬 더 유익합니다. 문제는 성례를 자주 시행하는 교회가 드물다는 것입니다. 예배의 필수 요소로 성례를 회복하는 교회가 많아진다면 우리의 예배는 분명 큰 변화를 경험할 것입니다.

사도행전 1장과 2장은 부활하신 그리스도께서 신약 교회를 세우시는 장면을 보여 줍니다. 1장에 두 가지 위대한 구속

사적 사건이 나옵니다. 하나는 그리스도의 승천이고, 다른 하나는 사도직의 완전한 회복입니다(맛디아의 선출). 사도의 직무는 그리스도의 죽으심과 부활을 온 세상에 증거하는 것이고 이를 위해 오순절에 성령께서 임하셨습니다. 성령께서 임하신 후 사도 베드로는 성경(당연히 구약)에 근거하여 그리스도를 담대하게 증거했습니다. 이때 성령께서 역사하여 무려 3천 명이 넘는 사람들이 회개하고 세례를 받았습니다.

세례를 받은 성도들은 "사도의 가르침을 받아 서로 교제하고 떡을 떼며 오로지 기도하기를" 힘썼습니다(행 2:42). 여기서 우리는 설교(사도적 가르침)와 성례(세례와 떡을 뗌)와 기도가 긴밀하게 연결되어 있는 것을 봅니다. 말씀과 성례와 기도를 일반적으로 은혜의 외적 수단이라고 하는데, 사도행전은 최초의 신약 교회가 은혜의 수단으로 세워졌음을 분명하게 보여주고 있습니다. 이러한 교회의 설립 방식은 이후의 모든 교회가 따라야 할 모범입니다.

세례

로마 가톨릭교회와 달리 개신교회는 세례와 성찬 두 가지만 성례로 받아들입니다.* 그 이유는 그리스도께서 세례와 성찬만 직접 제정하셨고, 이 두 성례만 십자가의 제사에서 비롯되는 은혜를 신자들에게 보여 주고 확증하기 때문입니다. 세례에 사용되는 물은 그리스도의 피와 성령을 통해 우리가 죄를 완전히 씻음 받고 하나님의 아들이 된다는 것을 확신시켜 줍니다. 성찬에서 사용되는 떡과 잔은 그리스도께서 십자가에서 찢기신 살과 흘리신 피가 우리의 참된 양식이 된다는 것을 확신시켜 줍니다.

세례가 없다는 것은 교회가 없다는 말과 동일합니다. 교회는 신자들로 구성된 공동체인데, 이 공동체의 회원이 되는 유일한 방법이 세례이기 때문입니다. 신자는 믿음을 통해 그리스도의 지체가 되고, 세례를 통해 교회의 회원이 됩니다. 세례는 신자를 교회의 회원으로 받아들이는 예식입니다. 따라서 세례가 없다면 신우회 같은 신자들의 모임은 가능해도 교회는 존재할 수 없습니다. 예수님도 마태복음 28장에서 이 점을 분명하게 가르치셨습니다. "아버지와 아들과 성령의 이름으로 세례를 베풀고" 제자로 삼으라!(19절 참고) 예수님의 명령은 세

---

* 로마 가톨릭교회의 경우 견진성사, 고백성사, 혼인성사, 서품성사, 종부성사도 성례로 인정하여 모두 일곱 개의 성례가 있다.

례가 교회를 세우는 데 얼마나 중요한지 잘 알려 줍니다.

이와 같이 중요한 세례를 잘 시행하기 위해서는 삼위일체 교리에 대한 이해가 가장 중요합니다. 세례를 아버지와 아들과 성령의 이름으로 베풀기 때문입니다. 세례 예식문에 이러한 의미가 분명하게 담겨 있습니다.

> 아버지의 이름으로 세례를 받을 때, 아버지는 우리의 아버지가 되시며 우리를 자기 자녀로 삼으실 것을 약속하고 보장해 주십니다. 아들의 이름으로 세례를 받을 때 아들은 자기의 피로 우리 죄를 용서하실 것을 약속하고 보장해 주십니다. 성령의 이름으로 세례를 받을 때 성령은 우리와 항상 함께하실 것을 약속하고 보장해 주십니다.*

예배에서 세례가 중요한 이유는 아버지와 아들과 성령의 이름을 가장 선명하게 부르기 때문입니다. '하나님의 이름으로' 거룩하게 부르는 것은 예배의 중요한 요소 중 하나입니다. 지상명령에 표현된 "이름으로"에서 "~으로"는 원래 뜻을 잘

---

* 대한예수교장로회 고신총회, 『예전예식서』(대한예수교장로회 총회출판국, 2015), 58.

살리지 못하고 있습니다. 헬라어 전치사 에이스(εἰς)의 정확한 의미는 '안으로'라는 뜻입니다. 즉 세례의 가장 중요한 의미는 신자가 삼위 하나님과 연합하여 그분이 주시는 은혜에 참여할 수 있는 상태가 되었음을 의미합니다.

세례와 관련하여 가장 논란이 되는 것이 유아세례입니다. 그중에서도 신자인 부모에게서 난 자녀를 어떻게 볼 것인지가 문제입니다. 신자인 부모에게서 났는데 자녀가 어린아이라고 해서 세례를 주지 않는다면, 그 아이는 본질상 불신자의 자녀와 다를 바 없습니다. 세례는 신자와 불신자를 구분하는 유일한 표지이기 때문입니다. 신자의 자녀는 언약 안에서 태어났다는 점에서 불신자의 자녀와 다르며, 이 다름을 세례를 통해 확증한다는 것이 개혁교회의 입장입니다.

세례를 시행하는 것 자체도 은혜의 수단으로서 중요하지만 이와 더불어 세례의 의미를 잘 가르치는 것도 중요합니다. 그 의미는 세례 서약문에서 확인할 수 있습니다. 서약 질문에 이런 문구가 있습니다. "그(아이)를 위해 기도하고 그(아이)와 함께 기도하고…다하기로 작정하십니까?" 유아세례는 부모가 주님의 교양과 훈계로 자녀를 양육해야 하는 근거가 됩니다. 모든 교회교육의 뿌리는 세례이고, 세례를 언급하지 않거나 가볍게 여기는 교회교육은 모래 위에 지은 집과 같습니다.

세례가 이런 의미를 갖는다면 세례식은 기회가 있을 때마다 자주 시행하는 것이 바람직합니다. 무엇보다 유아세례식은 주일학교 학생들에게 아주 좋은 신앙교육이 되므로 어린이를 포함해 온 교회 성도가 함께 목도할 필요가 있습니다. 세례를 자주 시행한다는 것은 예배가 그만큼 풍성하고 교회가 성장하고 있음을 의미합니다.

성찬

성찬도 은혜의 수단으로서 예배의 중요한 요소입니다. 하지만 어느새 한국 교회에서 성찬은 있으면 좋지만 없어도 되는 행사가 되었습니다. 성찬을 통해 하나님의 은혜가 실제로 성도들에게 전달된다는 인식이 약화된 결과입니다.

다음은 성찬과 관련하여 우리가 제대로 인식하고 기억해야 할 몇 가지 사항들입니다.*

---

* 성찬에 대해서는 필자의 다음 책을 참조하라. 이성호, 『성찬: 천국잔치 맛보기』(그라티아, 2018).

- 성찬은 (로마 가톨릭교회의 가르침과 달리) 제사가 아니라 식사다.
- 성찬은 단지 영적인 식사가 아니라 실재적인 식사다.
- 성찬은 혼인잔치와 같은 기쁨의 식사다.
- 성찬식은 장례식이 아니라 결혼식과 같다.
- 성찬에서 신자가 먹어야 하는 참된 양식과 음료는 그리스도의 찢기신 몸과 흘리신 피이며, 이것은 그리스도께서 십자가에서 드리신 희생제사를 의미한다.
- 성찬은 종말에 천국에서 이루어질 어린 양의 혼인잔치를 미리 체험하는 것이다.

성찬과 관련해 그리스도의 죽음에만 초점을 맞춘 나머지 성찬식에서 사용하는 음악이 너무 무겁고 어두운 경우가 많습니다. 오늘날 예배의 축제적 성격을 많이 강조하는데, 예배가 축제라면 성찬이야말로 그 축제의 전형이 아닐까요? 떡과 포도주, 즉 음식과 술이 없는 잔치를 생각할 수 있습니까? 그러므로 성도들은 성찬을 통해 예배의 진정한 기쁨을 누려야 합니다.

이와 같은 이유로 저는 교회에서 성찬식을 매주 시행해야 한다고 생각합니다. 실제로 교회를 개척한 이후로 저는 매주 성찬식을 시행했고, 이에 따른 유익을 다른 목회자들에게 계속 강조해 왔습니다. 그때마다 이런 질문을 받습니다. "매주 성찬을 시행하면 형식적이 되지 않나요?" 예배에서 설교와 성례는 함께 가야 합니다. 그러므로 매주 성찬을 시행하려면 매주 설교를 잘 준비해야 합니다. 설교가 부실하다면 성찬은 지극히 형식적인 행사로 흐를 수밖에 없습니다.

성찬과 관련하여 제가 주목하는 또 한 가지 문제는 오늘날 예배에서 성찬이 세례나 입교와 분리되어 있다는 것입니다. 신자들이 세례를 받는 이유는 교회의 회원이 되기 위함입니다. 교회의 회원이 갖는 가장 큰 특권이 무엇입니까? 바로 주님이 베푸신 식사에 참여하는 것입니다. 교회의 회원이 되지 않아도 설교는 얼마든지 들을 수 있지만 성찬은 세례를 받은 자만이 참여할 수 있습니다. 그런데도 세례식을 할 때 성찬식을 같이 하는 교회가 별로 없습니다. 세례를 받거나 입교를 해도 그 진정한 의미를 당장 체험하지 못하는 것입니다. 이와 같은 이유로 세례식과 성찬식은 분리하지 않는 것이 좋습니다.

성찬을 통해 예배자가 가시적으로 확정된다는 사실은 예배의 관점에서 매우 중요합니다. 성찬은 예배가 단지 관람하거나 시청하는 것이 아님을 보여 줍니다. 누구나 예배에 참석할 수 있지만 모두가 성찬에 참여할 수 있는 것은 아닙니다.

이런 점에서 성찬은 그 자체로 사람들을 온전한 예배로 초청합니다. 삼위 하나님을 믿고 고백하여, 삼위 하나님의 이름으로 세례를 받아, 삼위 하나님이 베푸시는 잔치에 참여하라고 참여자들을 독려합니다. 성찬은 예배의 본질이 코이노니아(교제)임을 가장 분명하게 보여 주는 예배 요소입니다. 그래서 성찬을 코뮤니온(communion)이라고 부르기도 합니다. 코이노니아로서의 성찬은 성도와 삼위 하나님의 교제 그리고 성도와 성도 사이의 교제를 실현시킵니다. 교회의 정회원만 성찬에 참석시키는 울타리 성찬(제한성찬)을 시행한다면, 성찬이 주는 메시지는 훨씬 더 강력해질 것입니다.

성찬을 매주 시행할 경우에 무엇보다 교회의 회원권이 강화됩니다. 이것은 특별히 작은 교회를 튼튼하게 하는 중요한 방편이 됩니다. 오늘날 교회의 소속감이 점점 희미해지고 있습니다. 교인들은 교회가 마음에 들지 않으면 쉽게 떠납니다. 이를 확실하게 극복할 수 있는 좋은 방법이 성찬식을 자주 시행하는 것입니다. 성찬을 통해 신자들은 자신들이 같은 공동체의 일원이라는 것을 매번 확인할 수 있습니다.

그 밖의 요소들

<u>서약</u>

설교, 기도, 찬송, 성찬, 세례는 예배의 주요 요소입니다. 저는 필수 요소라고 말하고 싶습니다. 이제 그 밖의 요소들을 살펴보겠습니다. 첫 번째로 살펴볼 요소는 서약입니다. 서약이 어떻게 예배의 요소가 되는지 의문이 들지 모르겠습니다. 이에 대해 웨스트민스터 신앙고백서가 잘 설명하고 있습니다. "합법적 서약은 종교적 예배의 한 부분으로서 정당한 경우에 서약자가 하나님을 엄숙하게 불러 자기가 단언하거나 약속하는 바의 증거자로 세우며, 자기가 서약한 바의 진위를 따라 심판해 주실 것을 청하는 것이다"(22장 1항). 이 설명에 따르면 하나님께 청원하는 의미로 하는 서약은 특별한 형태의 기도라고 할 수 있습니다.

오늘날 신자들은 서약이라는 것이 있는지 아예 모르거나 알아도 별로 중요하게 생각지 않습니다. 서약이 교회 안에 없는 것처럼 신앙생활을 합니다. 하지만 신자들은 적어도 서너 경우에 서약을 합니다. 대표적인 예가 결혼식입니다. 결혼식은 서약을 포함하고 있기 때문에 특별한 형태의 예배라고 할 수 있습니다. 결혼이란 두 사람이 하나로 연합하는 것입니다.

그러므로 결혼은 본질적으로 사람의 일이 아니라 하나님의 일(opus Dei)입니다.* 아쉽게도 오늘날 신자의 결혼식은 불신자의 결혼식과 별로 다르지 않습니다. 특히 결혼식의 가장 중요한 순서인 서약에 주목하지 않습니다. "죽음이 갈라놓을 때까지 부부의 하나됨을 지키겠습니다"는 서약이 의미하는 바를 정확하게 이해하지 못합니다. 결혼식 서약은 신자인 신랑과 신부가 하나님 앞에서 그분께 드리는 청원으로서 특별한 기도입니다.

그 밖에 세례를 받을 때, 입교할 때, 유아세례를 받을 때 신자는 서약을 합니다. 이 서약들은 기본적으로 교회의 회원권과 밀접한 관계가 있습니다. 오늘날 교회가 점점 쇠약해져 가는 상황 속에서 교회는 교인의 회원권을 강화하는 방향으로 나아가야 합니다. 17세기에 개혁신학에 충실하면서 회중교회를 추구했던 이들이 있습니다. 그 대표적인 지도자가 존 오웬이라는 청교도 목회자였습니다. 이들은 영국의 국교회 제도에 근거한 형식적인 회원권을 거부하고 교인들 상호간의 엄숙한 서약에 근거한 '교회 언약'을 통해 강력한 소속감을 확보

---

* 이에 대해서는 필자의 다음 책을 참조하라. 이성호, 『결혼한 자들에게 내가 명하노니』(그책의 사람들, 2020).

했습니다. 이와 같은 방식으로 교회의 회원이 된 사람들은 그 교회를 떠나기가 매우 어려웠습니다.

오늘날 교회 성장주의에 영향을 받은 교회들이 교인을 쉽게 회원으로 받는 경향이 있습니다. 여기에는 함정이 있습니다. 쉽게 교회의 회원이 되면 쉽게 교회를 떠난다는 사실입니다. 최소한 엄숙한 서약을 통해 회원이 되어야 함부로 교회를 떠나지 않고, 어쩔 수 없는 경우에만 당회의 지도를 받으면서 떠나게 될 것입니다. 서약은 하나님의 이름으로 하는 것이므로 하나님의 통치를 인정하는 일이기도 합니다. 서약을 무시한다면 하나님의 통치를 거부하는 실천적 무신론자와 다르지 않습니다.

그 밖에도 교회의 직원을 세울 때 서약이 요구됩니다. 임직식도 결혼식과 같이 하나님의 일입니다. 서약이 있기 때문에 임직식에 참석한 사람들은 단지 하객이 아니라 증인이 됩니다. 임직식에는 하나님을 향한 임직자들의 서약도 있지만, 성도들을 향한 서약도 있습니다. 이 이중적 서약에 근거하여 하나님께서 교회에 직원들을 세우십니다. 교회는 통상적으로 직분자라고 부르는 직원의 봉사로 세워집니다. 그러므로 서약이 얼마나 잘 시행되는가에 따라서 신실한 직원들이 교회 안에 계속 세워질 것입니다.

봉헌(헌금)

헌금이라고 부르는 봉헌은 신자들에게 민감한 문제가 될 수 있습니다. 교회 운영과도 관련되어 교회의 책임을 맡은 목사나 장로들도 중요하게 생각합니다. 일반적으로 성도들은 헌금 설교에 거부감을 갖습니다. 헌금 설교 자체가 잘못은 아닙니다. 성경은 분명히 헌금에 대해 성도들이 알아야 할 교훈을 제시하고 있습니다. 중요한 것은 헌금에 대한 설교 내용이 성경에 근거한 것인지 그리고 그 시점에서 헌금 강조가 합당한 것인지의 여부입니다.

헌금에 대해 성도들이 알아야 할 가장 기본적인 사실은, 하나님은 돈이 필요없는 분이시라는 것입니다. 하나님은 돈을 좋아하지도 않으십니다. 이 사실만 알아도 헌금에 대한 잘못되거나 부족한 가르침을 대부분 분별할 수 있을 것입니다. 헌금도 예배의 요소이므로 헌금을 바르게 하려면 헌금을 받으시는 분을 정확히 이해하고 있어야 합니다. 창조주 하나님이 만물의 주인이라는 것이 분명하다면, 우리가 드리는 돈이 그분에게 무슨 의미가 있을까요? 거듭 강조하지만 헌금에 대한 올바른 이해는 헌금을 받으시는 분에 대한 인식과 밀접한 관계가 있습니다.

우리에게 익숙한 용어인 헌금은 원래 연보(捐補, 고전 16:1,

고후 9:5)라는 말로 사용되었습니다. (문자적으로 돈을 바친다는) 헌금의 의미가 기본적으로 하나님을 향한 것이라면, (자기 재물을 내어 다른 사람을 돕는다는) 연보의 의미는 성도나 교회를 향한 것입니다. 연보라는 말이 사라지면서 오늘날 성도들을 향한 구제의 개념도 사라진 것이 아쉽습니다. 어쨌든 돈이 필요한 존재는 하나님이 아니라 교회 안의 성도들과 가난한 이웃들입니다. 헌금이 기본적으로 하나님과 성도들을 위한 이중적 예배 행위라는 것은 고린도후서 8장이 잘 가르쳐 주고 있습니다. 바울 사도는 마케도니아 성도들의 구제 사역을 칭찬하면서 "그들이 먼저 자신을 주께 드리고 또 하나님의 뜻을 따라 우리(바울과 동역자)에게 주었도다"(5절)라고 말했습니다. 이와 같이 헌금은 자신을 하나님께 드리고, 또한 이웃을 섬기는 것입니다.

헌금이 예배의 요소인 이유는 복음 전파와 밀접하게 연결되어 있기 때문입니다. 헌금은 단순히 기부금이 아닙니다. 예배 시간에 드리는 헌금은 복음의 진리를 구체적으로 실현시키는 것입니다. 바울은 그리스도의 은혜 사역을 다음과 같이 요약하고 있습니다. "부요하신 이로서 너희를 위하여 가난하게 되심은 그의 가난함으로 말미암아 너희를 부요하게 하려 하심이라"(고후 8:9). 따라서 우리에게 있는 것을 가지고 형제를 돕는 것은 곧 그리스도의 복음 사역을 실천하는 것입니다. 바울은 이것을 강조하기 위해 광야의 만나 사건을 인용합니다. 만나를 통해 하나님은 무엇을 가르쳐 주셨습니까? "많이 거둔 자도 남지 아니하였고 적게 거둔 자도 모자라지 아니하였느니라"(고후 8:15, 출 16:18). 헌금을 통해 가난한 자들과 그렇지 않은 자들을 경제적으로 균등하게 하는 것이 만나의 정신을 실현하는 것이고, 그리스도의 복음 사역을 적용하는 것입니다.

이렇듯 헌금이 복음과 밀접한 관계에 있다면 헌금을 어떻게 시행하는 것이 좋을까요? 요즘은 옛날과 달리 헌금함이 보편화되었습니다. 보통 예배 시간 전에 각자 알아서 헌금을 합니다. 예전에는 주로 헌금 바구니를 봉헌 시간에 돌렸습니다. 그렇다면 하나님은 어떤 방식을 좋아하실까요? 사람들은 아마도 헌금함을 좋아할지 모르겠습니다. 저는 헌금함 사용을 반대하지는 않지만, 그렇게 바뀐 주된 이유가 사람을 염두에 두었기 때문이라고 생각합니다. 헌금이 예배의 한 부분이고, 예배는 그리스도의 지체가 한 몸으로 드리는 공동체적 행위라면 헌금함보다는 예배 중 봉헌 시간에 돌아가는 헌금 바구니를 사용하는 것이 더 바람직하다고 생각합니다. 전체적인 성경의 원리로 볼 때, 헌금 액수는 신자의 자유에 속하지만 헌금 자체는 신자가 마땅히 해야 하는 의무입니다.

축도

축도는 예배의 마지막 순서입니다. 대부분의 신자들은 축도가 축복기도의 줄임말이며 특별한 형태의 기도라고 생각합니다. 그래서 축도 시간에 눈을 감는 경우가 많습니다. 이 모두가 축도에 대한 개념 정리가 되어 있지 않아 일어나는 현상입니다.

축도는 영어로 베네딕션(benediction)입니다. 라틴어에서 온 단어로 '좋은 것을 말함'이라는 뜻입니다. 엄밀한 의미에서 축도는 복을 비는 것이 아니라 복을 선언하는 것입니다. 이 때문에 최근에는 '축도' 대신에 '강복선언'이라는 용어를 조금씩 쓰고 있습니다. 축도를 복의 선언으로 이해하면, 이것은 특별한 형태의 기도가 아니라 특별한 형태의 설교라고 할 수 있습니다. 그렇다면 축도는 장로가 아니라 말씀 봉사자인 목사가 해야 하는 일입니다.

축도를 기도로 볼 것인가 아니면 설교로 볼 것인가는 축도를 이해하는 데 대단히 중요합니다. 우리나라의 경우 축도를 어떻게 마칠 것인가에 대한 논쟁이 있었습니다. 한편은 "있을지어다"로 해야 한다고 주장하고, 다른 한편은 "축원하옵나이다"로 해야 한다고 주장합니다. 간단해 보이지만 이 문제는 성경만으로는 해결할 수 없습니다. 원어 성경에서는 고린도후서 13장 13절이 단순히 "은혜가 너희에게"로 끝나기 때문입니다. 만약 축도가 하나님의 행위라면 "있을지어다"로 하고, 인간의 행위라면 "축원하옵나이다"라고 해야 할 것입니다.

  목사가 복을 선언하는 것은 민수기 6장 24-26절에 나온 3중적 복의 선언에 기초합니다. '아론의 복'이라고 부르는 이 축복의 말씀은 전통적으로 고린도후서 13장의 축도보다 더 많이 사용되었습니다. 이것을 통해 아론의 제사장 직무가 신약에서 복음의 제사장 직무(롬 15:16)를 맡은 목사에게 그대로 이어지고 있음을 알 수 있습니다. 아론이 손을 들어 축복한 실제 예는 레위기 9장 22절에서 찾아볼 수 있고, 신약에서는 승천하시는 예수님에게서 찾아볼 수 있습니다.

  의외로 잘 알려져 있지 않은데, 예수님의 마지막 모습은 손을 들어 제자들을 축복하시는 장면입니다(눅 24:50). 대제사장으로 오신 예수님은 마지막에 제자들을 축복하심으로 제사장의 임무를 완수하셨습니다. 이제 이 직무는 목사에게 주어져 예배 시간 마지막에 세상으로 파송받는 성도들에게 시행되고 있습니다. 축도를 이렇게 이해한다면, 축도 시간에 눈을 감기보다는 눈으로 목사의 손을 보고 귀로 목사의 복된

선언을 듣는 것이 바른 태도일 것입니다.

◇◇◇◇◇

지금까지 두 장에 걸쳐 예배의 여러 요소들을 살펴보았습니다. 예배에서 각 요소들은 유기적인 통일성을 이루어야 합니다. 각 요소들이 적절하게 위치를 지키며 다른 요소들과 조화를 이루어야 합니다. 찬양팀 인도자가 찬양에만 지나치게 관심을 쏟고, 지휘자는 곡을 연주하는 데만 신경을 쓰다 보면, 각각의 요소들이 아무리 훌륭해도 전체 예배는 통일성과 균형을 상실하게 됩니다. 특별히 목사는 예배를 맡은 자로서 책임과 역할이 큽니다. 설교도 중요하지만 예배 속에서 예배의 각 요소가 처음부터 끝까지 아름답게 조화를 이루도록 노력해야 합니다.

그러려면 예배의 목적을 정확하게 인식하고 있어야 합니다. 예배의 대상이 삼위 하나님이고, 예배의 목적이 삼위 하나님과의 교제라면, 예배 속에서 바로 이 점이 가장 분명하게 드러나도록 해야 합니다. 삼위일체 하나님이 예배의 중심이 되실 때 그 예배는 힘을 갖게 될 것입니다.

더불어 예배의 의미와 형식에 대해 평소 성도들도 잘 배워야 합니다. 예배의 핵심 원리를 다루는 십계명의 첫 돌판, 사도신경, 그리고 주기도문과 교리문답을 통해 정기적으로 배워야 합니다. 예배와 신학은 서로 밀접한 관계가 있습니다. 신학이 없는 예배는 형식에 빠지기 쉽고, 예배가 없는 신학은 교만에 빠지기 쉽습니다. 그러므로 신학에 대한 무관심에서 벗어나 삼위일체 하나님에 대한 올바른 인식을 회복하고, 예배의 각 요소가 가진 위치를 제자리에 돌려놓아 삼위 하나님께 영광이 되며 우리에게 기쁨이 되는 온전한 예배가 각 교회마다 시행되기를 바랍니다.

5. 교회사를 통해 본 예배

예배를 이야기하면서 예배의 역사를 언급하지 않을 수 없습니다. 예배의 역사를 배움으로써 교회는 스스로를 점검하고 보다 나은 예배로 나아갈 기회를 얻을 수 있습니다. 그렇다고 2천 년이 넘는 역사를 여기서 자세히 다루기는 불가능합니다.* 다만 예배의 기초 확립을 위해 핵심 내용을 중점으로 살펴보겠습니다. 교회 역사 속에 나타났던 예배의 풍성한 모습을 배우고 나면, 우리가 추구하는 예배 전통에 대한 일방적인 치우침이나 교만을 막을 수 있습니다.

---

* 예배의 역사에 대한 기초적 입문서로 다음 책을 참고하라. 윌리엄 H. 윌리몬, 임대웅 역, 『간추린 예배의 역사』(CLC, 2020).

초대교회의 예배*

초대교회의 성도들은 어떻게 예배를 드렸을까요? 성경도 예배의 형식이나 모습에 대해 거의 언급하지 않으며, 가장 초기의 사료들도 구체적인 예배 형태에 대해서는 제한된 정보만 제공하고 있습니다. 따라서 그 당시 신앙의 선배들이 어떻게 예배를 드렸는지 정확하게 알기란 매우 어렵습니다. 그러나 오늘과 같은 예배 형태는 아니었음이 분명합니다. 피아노나 기타, 드럼 같은 악기가 있을 리 없고, 성도들이 성경이나 찬송가를 하나씩 들고 예배할 수도 없었을 테니 말입니다.

콘스탄티누스 황제가 기독교를 인정한 313년까지 기독교는 로마제국에서 박해받는 종교였습니다. 따라서 교회는 매우 엄격한 심사를 거쳐 교인을 받을 수밖에 없었습니다. 교인 한 명을 제대로 검증하지 못하면 교회 공동체 전체가 큰 위기에 처할 수 있었으니까요. 이러한 역사적 환경 때문에 초대교회의 예배에는 신앙이 독실한 신자들만 참석했습니다. 신실한 신자들만 모여서 드리는 예배와 그렇지 않은 예배가 같을

---

* 초대교회의 예배에 대해서는 다음 책을 참조하라. 김정, 『초대교회 예배사』 (CLC, 2014).

수는 없습니다. 무엇보다 교인이 되었음을 가시적으로 드러내는 세례가 오늘날보다 훨씬 더 중요했을 것입니다.

세례는 주로 부활절에 시행되었습니다. 수세자의 신앙고백에 근거하여 집례자는 성부와 성자와 성령의 이름으로 세례를 베풀었습니다. 세례에 물이 사용되었기 때문에 세례를 받는 수세자는 무엇보다 물에 대한 진정한 의미를 정확하게 이해하고, 삼위 하나님에 대한 신앙을 분명하게 고백해야 했습니다. 세례 교육은 보통 3년 정도 진행되었고 최종적으로 삼위 하나님에 대한 신앙을 공적으로 확인하고 세례를 베풀었습니다. 세례수는 창조의 물, 홍해의 물, 바위에서 나온 물, 요단강의 물, 그리스도의 허리에서 나온 물 등을 상징하며 예수님께서 약속하신 생명의 물로 이해되었습니다. 초대교회 성도들은 "물과 성령으로 거듭나지 아니하면 하나님의 나라에 들어갈 수 없[다]"(요 3:5)는 예수님의 말씀을 지금보다 훨씬 더 진지하게 받아들였습니다.

각 교회는 올바른 세례를 위해 세례문답서를 작성했고, 이 문답서들은 시간이 지나면서 점차 간단한 신경으로 정리되었습니다. 수많은 신경들이 존재했지만 그중 서방교회에서 가장 유명한 사도신경이 광범위하게 채택되었고, 오늘날 한국 교회에서도 사용되고 있습니다. 세례가 결국 사도신경의 기원이 된 셈입니다. 사도신경은 사도들이 직접 작성한 것은 아니지만 사도들의 가르침이 너무나 잘 요약되어 있기 때문에 그렇게 불리고 있습니다. 세례를 이미 받은 신자들은 더 이상 세례를 반복해서 받지 않지만, 세례 받을 때 고백한 신앙을 다른 신자들과 함께 동일하게 고백함으로써 교회가 언약 공동체임을 확인합니다.

세례를 받은 신자는 진정한 의미에서 예배에 참여하게 됩니다. 세례를 받기 전의 신자는 예배를 드렸다기보다 구경했다고 하는 편이 정확할 것입니다. 세례를 통해 깨끗하게 된 신자는 주님이 베푸시는 성찬에 비로소 참여하게 됩니다. 초대교회는 성경의 예를 따라 매주 성찬식을 거행했습니다. 이 식사는 감사를 의미하는 헬라어 유카리스티아(ευχαριστία)라고 불렸는데, 이는 성찬의 본질을 잘 드러내는 용어입니다. 초대교회 신자들은 성찬식을 통해 생명의 떡을 주신 삼위 하나님께 감사를 드렸습니다. 세례와 달리 성찬은 매주 시행되었기 때문에 초대교회에서 성찬은 일반적으로 예배의 중심이 되었습니다.

이와 같은 형식의 초대교회 예배는 그 당시 이방인들의 예배와 근본적으로 달랐습니다. 사실 유대인의 예배도 겉보기에 이방인들의 예배와 크게 다르지 않았습니다. 그 당시의 예배는 오늘날과 달리 희생제사였고, 제물은 주로 동물이 사용되었으며, 예배 장소는 성전이나 신전 같은 특별한 곳이었습니다. 하지만 기독교의 예배는 전혀 달랐습니다. 우물가의 여인에게 예수님께서 말씀하셨듯이 예수 그리스도를 통해 "영과 진리로 예배[하는]"(요 4:24) 새로운 시대가 열렸습니다. 장소는 더 이상 중요한 문제가 아니었습니다. 신자들은 언제 어디서나 하나님께 예배를 드릴 수 있었습니다.

어떻게 보면 초대교회의 예배는 초라하기 짝이 없었습니다. 유대인이나 이방인이 드리는 예배와 그리스도인이 드리는 예배를 한번 비교해 봅시다. 유대인의 성전에는 황금으로 된 멋있는 언약궤, 촛대, 향단과 같은 여러 제기들이 있었고, 이방인의 신전에도 온갖 화려한 우상들이 가득했습니다. 건물도 엄청나게 화려하여 그곳에 들어가는 사람들은 대단한 종교심을 가졌을 것입니다. 반면에 그리스도인은 주로 평범한 가정집에서 모였고, 그곳에서 하나님을 보여 주는 것은 화려하지 않은 성찬상이 다였습니다. 콘스탄티누스 황제가 개종하기 전까지 기독교의 예배는 전반적으로 소박했습니다.

초대교회의 예배는 모든 예배의 뿌리라고 할 수 있지만, 그렇다고 결함이 없지는 않습니다. 대표적인 예로 세례를 베풀기 전에 일반적으로 마귀를 쫓아내는 구마(驅魔)예식이 시행되었습니다. 이런 예식에 성경적 근거가 전혀 없는 것은 아니었지만 신자들에게 미신을 조장할 위험이 있었습니다. 한편 오늘날 신자들은 마귀의 존재를 너무 가볍게 생각하는 것 같습니다.* 구마예식은 시간이 지나면서 교회에서 점차 사라졌지만 최근에 로마 가톨릭교회는 이 예식을 다시 부활시켰습니다. 구마예식은 없지만 마귀로부터 해방됨이 세례의 표상 중 하나라는 사실을 신자들은 알아야 합니다.

콘스탄티누스 이후

기독교의 예배는 로마제국의 위대한 황제 콘스탄티누스가 개종하면서 큰 변화를 겪었습니다. 황제가 예배를 드리려고 예배당에 들어왔다고 상상해 보십시오. 박해 시절의 예배와는 비교되지 않을 것입니다. 무엇보다 예배에 참석하는 사람들이 급격하게 늘었습니다. 예배 장소도 커질 수밖에 없었습니다. 처음에는 제대로 된 예배당이 없었기 때문에 황제가 공공

---

* 이 점에서 "마귀의 권세로부터 나를 해방하셨습니다"라고 고백하는 하이델베르크 요리문답 제1문의 답이 주목할 만하다.

집회 때 사용되던 거대한 바실리카를 예배당으로 사용하게 했습니다. 이런 곳에서 이전과 같은 방식으로 예배를 드리기란 불가능했습니다. 예배 참석자의 증가는 단순히 수의 증가를 의미하지 않았습니다. 몇십 명이 모이는 예배와 수천 명이 모이는 예배가 같을 수 없었습니다. 몇십 명이 야외에 모여 찬송을 부르는 것과 천장이 높은 웅장한 건물 안에서 찬송을 부르는 것이 어떻게 같을 수 있겠습니까? 교회 음악의 아버지 암브로시우스(340-397년)*는 각 지역에서 부르는 찬송을 모아 찬송집을 편찬하기도 했습니다. 이와 같이 콘스탄티누스 황제 이후로 예배가 본격적으로 제도화되기 시작했습니다.

313년 밀라노 칙령 이후 신자들은 자유롭게 예배를 드릴 수 있었습니다. 일요일은 아예 휴일로 공포되었습니다. 자유인은 물론이고 노예도 예배를 드릴 수 있었습니다. 이제 일요일은 진정한 의미에서 하나님께 예배 드리는 주님의 날이 되었습니다. 태양신 숭배 기념일이던 12월 25일은 빛이신 주님의 탄생을 기리는 성탄절로 바뀌었고, 부활절도 국경일처럼 기념하게 되었으며, 점차 순교자나 여러 성인들을 기리는 절

---

* 암브로시우스의 찬송에 대해서는 필자의 다음 책을 참고하라. 이성호, 『바른 예배를 위한 찬송 해설』(SFC 출판사, 2018), 121-130.

라테란 세례당, 로마, 440년경

기가 예배에 도입되었습니다.

위의 사진은 440년경 로마에 세워진 세례당입니다. 콘스탄티누스 황제가 이곳에서 세례 받은 것을 기념하기 위해 세운 것으로 알려져 있습니다. 이전에 세례는 주로 물이 흐르는 시내에서 베풀었습니다. 아주 소수만 참석하여 비밀리에 이루어졌을 것입니다. 그러나 이제는 수많은 사람들이 신자가 되기 위해 물밀듯이 밀려오고, 그들을 위해 세례당을 별도로 만들어야 했습니다. 라테란 세례당은 그 당시 성도 수가 얼마나 급격하게 늘었는지, 더불어 그 당시 신자들이 세례를 얼마나 중요하게 생각했는지 잘 보여 줍니다.

교회와 제국이 하나가 되고 제국의 힘이 커질수록 예배당

성 소피아 대성당, 이스탄불, 537년

의 규모도 점점 더 커졌습니다. 이방 신전으로 가득한 로마에 만족하지 않은 콘스탄티누스는 비잔틴(오늘날 이스탄불)으로 아예 수도를 옮겼고, 그곳을 진정한 의미의 기독교 도시로 만들었습니다. 솔로몬과 같이 으리으리한 왕궁과 아름다운 예배당도 지었습니다. 이 성당은 이후에 일어난 민중 봉기로 소실되었다가 유스티니아누스 황제의 명으로 재건축되었습니다. 그 결과 오늘날까지 남아 있는 성 소피아 대성당이 탄생했습니다. 이 성당은 이후에 세워지는 모든 동방교회 예배당의 표준이 되었습니다.

제국의 주요 도시마다 대규모의 성당이 세워지고, 신자들은 그곳에서 하나님께 예배를 드렸습니다. 마침내 테오도시우스 황제(379-395년 재위) 때 기독교가 국교로 확정되었고, 모든 이교도 제사는 엄격하게 금지되었습니다.

동방교회의 예배*

영원히 존속할 것 같았던 로마제국은 476년에 게르만족에 의해 무너지고 말았습니다. 하지만 무너진 것은 서로마제국이었지 동로마제국은 이후에도 천 년 가까이 유지되었습니다. 서방교회와 동방교회(오늘날에는 정교회라고 부름) 사이에는 교류가 거의 이루어지지 않았고, 중세 기간 동안 정치, 사회, 문화, 경제, 민족 등 거의 모든 분야에서 서로 다른 길을 갔습니다. 게르만족이 중심이 된 서방교회와 달리 동방교회는 슬라브족이 중심이 되었고, 삼위일체 교리와 교황 정치에 대한 의견 차이로 결국 1054년에 두 교회는 서로를 공식적으로 파문하면서 분리되었습니다.

    서방교회에 속한 우리나라 교회들은 동방교회를 생소하게

---

* 동방교회의 예배에 대한 개론서는 다음 책을 참고하라. 데니얼 B. 클린데닌, 주승민 역, 『동방 정교회 신학』(은성: 2012, 개정판). 제1장은 정교회에서 신학과 예배가 얼마나 밀접한 관계인지 잘 설명하고 있다.

성상으로 가득한 정교회 성당의 일반적인 모습

여기지만, 동방교회 역시 공교회의 전통을 이어 가는 교회로서 중요합니다. 중세 기간 동안 동방교회의 예배에 가장 큰 영향을 준 사건은 성상(icon) 논쟁이었습니다. 오늘날 동방교회의 예배당은 수많은 성화와 성상들로 가득 차 있습니다. 특히 모자이크로 장식된 성상들은 동방교회를 대표하는 표지라고 할 수 있습니다.

성상 논쟁은 726년에서 842년까지 100년 넘게 동방교회를 뒤흔들었습니다. 초대교회 때부터 교회에서는 성경의 인물이나 가르침을 가시적으로 표현하는 그림이나 조각이 사용되었습니다. 콘스탄티누스 이후에는 이런 것들이 훨씬 많이 유입되었고, 그중에는 조잡한 것뿐 아니라 외설적인 것마저 있었습니다. 이런 성상들은 우상숭배를 조장할 위험이 있었기 때문에 성상 사용에 반대하는 사람들이 생겨나기 시작했습니다. 반면에 성상을 잘못 사용하는 것이 문제이지 바르게 사용하면 신앙에 유익이 된다고, 더 나아가 예배에 필수적이라고 주장하는 사람들도 있었습니다. 결국 이 문제를 해결하기 위해 787년에 니케아에서 공의회가 개최되었고, 성상을 통한 공경이 승인되면서 이 논쟁은 교리적으로 일단락되었습니다. 이후에 성상은 동방교회 예배의 핵심 요소로 자리를 잡았습니다.

성상 논쟁은 예배당의 의미에 대해 생각하게 합니다. 교회는 건물이 아니지만 예배당은 예배를 드리는 중요한 장소입니다. 이 점에서 개신교회는 예배당의 의미를 과소평가하는 측면이 있습니다. 목사들끼리 모이면 주로 예배당의 크기에 대해서는 서로 질문을 많이 하지만, 예배당의 장소로서 예배당이 정말 적합한지 신학적으로 고민하는 경우는 드문 것 같습니다. 비록 우리가 정교회의 전통은 따르지 않지만 예배당에 대한 기본적인 신학적 성찰은 필요해 보입니다.

중세 서방교회

476년 서로마제국이 최종적으로 멸망했을 때 교회의 운명은 풍전등화와 같았습니다. 국가와 교회를 분리해서 생각할 수 없는 시대였기 때문에 교회도 제국과 같은 운명을 맞이할 수 있었습니다. 게르만족은 정치적으로는 로마제국을 멸망시키고 지배자가 되었지만, 사회 문화적으로는 로마의 전통을 잘 보전했습니다. 교회에 대해서도 마찬가지였습니다. 교회를 약탈했지만 말살하지는 않았습니다. 시간이 지나면서 게르만족 지도자들이 기독교를 받아들이고, 더 나아가 기독교의 보호자가 되었습니다.

중세의 서방교회는 교황제 확립이라는 큰 특징으로 동방교회와 구별됩니다. 로마의 주교였던 교황은 사도 베드로의 후계자를 자처하면서 다른 교회에 대해 사법적 수위권을 주장했습니다. 이런 주장은 처음에는 명목상에 지나지 않았지만 서방교회가 동방교회로부터 분리되면서 서방교회 내에서 힘을 얻었습니다. 동방교회에서 총대주교는 황제의 강한 통제 아래에 있었지만, 서방에서 교황은 황제를 파문할 정도로 강력한 교권을 행사하기에 이르렀습니다.

교황 중심의 교회는 예배에도 큰 영향을 미쳤습니다. 각 지역 교회가 일정 수준의 독립성을 가졌던 동방교회에서는 여러 가지 예배 형태가 유지되었지만, 서방교회에서는 점차 로마 가톨릭교회의 예전이 유일한 예배 형태로 자리잡았습니다. 그 결과 각 국가별로 존속하던 예전들마저 최종적으로 로마 가톨릭교회의 예전으로 통일되었습니다. 특히 옛 서로마제국을 포함하여 알프스 이북의 유럽 지역을 통치했던 샤를마뉴 대제는 제국의 통일성을 위해 로마 가톨릭교회의 예전을 제국 내 교회들이 따르도록 강제했습니다.* 이런 역사적 배경으로 서방교회의 예배는 동방교회의 예배보다 더 획일성을 띠게 되었습니다.

서방교회에 정착된 예배의 획일성은 교회의 하나됨을 유지하는 데 유리했지만, 그에 못지않게 큰 문제점도 나타났습니다. 로마의 예전을 그대로 사용하다 보니 예배 인도자가 라틴어를 사용할 수밖에 없었습니다. 게르만족이라 해도 여러 부족의 다양한 언어를 사용하던 신자들이 예배에 참석해서는 예배 인도자가 하는 말을 알아듣지 못한 것입니다.

예전이 하나로 통일되면서 예배 찬송도 예외가 아니었습니다. 여기에 결정적으로 공헌한 사람이 교황 그레고리 1세입니

---

* 고든 S. 웨이크필드, 김순환 역, 『예배의 역사와 전통』(CLC, 2007), 80.

다. 그는 이전까지 존재해 온 찬송들을 수집하여 〈그레고리 성가집〉을 편찬했고, 이 성가집은 서방교회 찬송의 표준이 되었습니다. 여기에 실린 곡들은 악기 없는 단성률로 이루어져 있는데, 인터넷을 검색해서 들어보면 뭔가 거룩하고 신비스러운 느낌이 납니다. 수난 찬송으로 유명한 "주 달려 죽은 십자가"(149장)의 곡조가 그레고리 성가에서 유래했습니다.

중세 예배의 특징을 가시적으로 잘 보여 주는 것이 고딕 성당입니다. 하늘을 찌를 듯한 첨탑들은 고딕 성당의 대표적인 특징입니다. 건물 자체가 하늘을 바라보게 합니다. 화려한 색깔의 스테인드글라스는 고딕 성당이 갖춘 또 하나의 특징입니다. 스테인드글라스의 발달로 성당 내부는 이전보다 훨씬 밝아졌고, 색조가 주는 신비감으로 예배당 안의 신자들은 천상에 들어온 느낌을 받았습니다.

천장이 높은 성당의 실내 구조로 공명이 잘 되었고 소리 자체가 아름답게 울려 퍼졌습니다. 이곳에서 찬양대가 찬송을 불렀을 때 그 소리가 얼마나 감동적이었을까요? 심지어 이들을 위한 화려한 찬양대석도 마련되었습니다. 시간이 지나면서 찬양대의 목소리가 회중의 소리를 압도하고, 라틴어를 모르는 회중에게 찬송 시간은 찬송을 부르는 시간이 아니라 찬송을 감상하는 시간이 되었습니다.

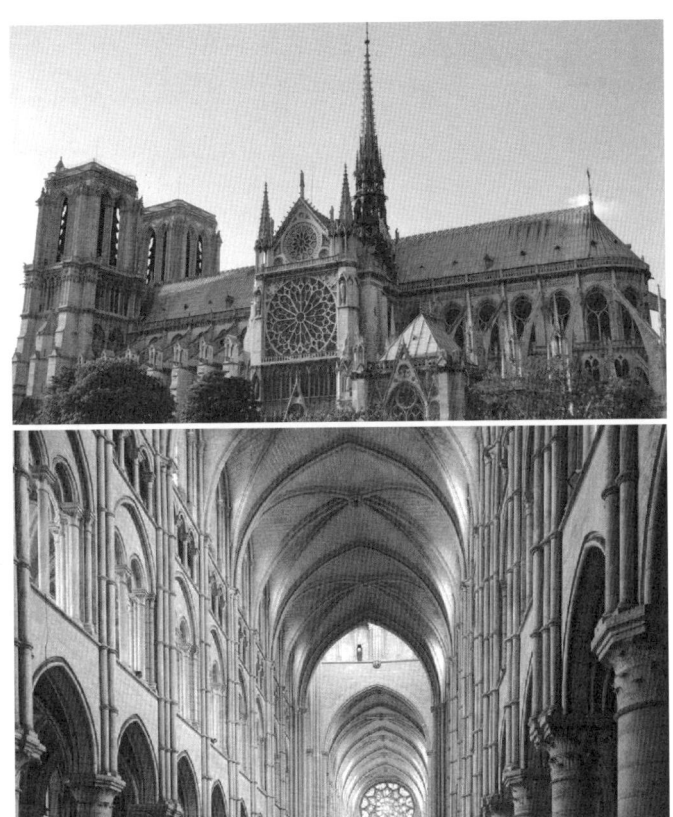

고딕 양식의 첨탑을 갖춘 노트르담 성당 외관 및 공명에 적합한 내부

웅장하고 화려한 예배당에서 드리는 중세 예배의 가장 큰 특징은 성례 중심이었다는 점입니다. 중세 시대에는 세례와 성찬뿐 아니라 견진, 고해, 혼인, 서품, 종부를 포함하여 일곱 개의 성례를 공식적으로 받아들였습니다(1274년 리옹 공의회).

예배당 안에는 이러한 성례들을 위한 시설이 들어오게 되었습니다. 고해소가 예배당 곳곳에 비치되고, 화려한 세례대도 예배당의 한 부분을 차지했습니다. 무엇보다 성찬이 중요했기 때문에 제대(성찬상)가 예배당의 중심부에 자리잡았습니다. 다른 성례들이 기회가 있을 때마다 부정기적으로 시행되었다면, 성찬은 매주 예배 때마다 정기적으로 시행되었습니다.

1215년 라테란 공의회에서 성찬에 관하여 중요한 결정이 내려졌습니다. 성찬식에 사용하는 떡의 본체가 예수 그리스도의 살로 완전히 변한다는 화체설을 공식 교리로 확정한 것입니다. 떡을 단지 상징이나 은혜의 수단을 넘어 구원 그 자체로 인식하기 시작했습니다. 화체설이 공식 교리로 자리잡으면서 제대로 신앙교육을 받지 못한 대부분의 신자들은 성찬을 미신처럼 받아들이기 시작했습니다. 신자들은 떡이나 포도주에 신비한 힘이 있어 병을 고치거나 자신들에게 복을 준다고 믿었습니다. 그래서 떡 앞에서 절하기도 하고 남은 떡은 중요한 장소에 보관했다가 원하는 사람에게 나누어 주기도 했습니다. 평신도들에게 (예수님의 피로 변할 포도주가 담긴) 잔을 나누어 주는 배잔이 금지되었습니다. 예배 도중에 포도주를 쏟을 염려가 있어서였습니다. 떡과 잔의 구별이 사라지고, 떡이 잔을 대체하면서 떡만으로도 성찬의 은혜를 온전히 누리기에 충분하다는 인식이 자리잡았습니다.

성찬이 예배의 중심이 된 반면 설교는 거의 행해지지 않았습니다. 신자들이 성경을 개인적으로 읽는 것이 금지되었을 뿐 아니라 성경 번역도 되지 않았기 때문에 성경 지식이 빈약해질 수밖에 없었습니다. 이들에게 도움이 되는 거의 유일한 교육 수단은 예배당 안에 있는 수많은 그림과 조각들이었습니다. 신자들은 오늘날 아이들처럼 그림이나 조각들을 통해 성경 이야기를 피상적으로 배웠습니다. 이와 같은 상황에서 신자들이 바른 신앙을 갖기는 어려웠습니다.

종교개혁과 예배

루터를 통해 성취된 위대한 종교개혁은 근본적으로 교회의 개혁이었습니다. 그중에서도 예배의 개혁이 신자들의 삶에 직접적인 영향을 미쳤습니다. 교리의 개혁은 신자들의 지성을 변화시켰지만 예배의 개혁은 신앙생활을 변화시켰습니다. 교리와 예배는 서로 밀접한 관계에 있으므로 교리의 변화는 필연적으로 예배의 변화로 이어졌습니다. 실제로 교리의 개혁 정도에 따라 예배의 개혁이 진행되었습니다. 예를 들어 루터

파 교회와 개혁파 교회를 비교해 보면, 보다 근본적인 교리 개혁을 추구한 개혁파 교회의 예배가 더 많은 변화를 겪었습니다.

로마 가톨릭교회와 개신교회의 근본적인 차이는 "오직 성경"의 원리에서 비롯됩니다. 종교개혁 이전의 모든 교리가 "오직 성경"의 원리에 따라 새롭게 개혁되었듯이, 예배도 "오직 성경"의 원리에 따라 개혁되었습니다. 하지만 "오직 성경"을 모든 개신교회가 동일하게 이해한 것은 아니었습니다. "오직 성경"이 믿음과 행위에 유일한 권위가 된다는 것에는 모든 개신교회가 동의했지만, 교회 정치나 예배에 관해서는 서로 입장이 달랐습니다. 이에 따라 성경에 반하는 예배의 요소들은 개혁되었지만, 성경이 명백하게 말하지 않는 부분에 대해서는 이전의 전통을 그대로 받아들인 교회들이 적지 않았습니다.

종교개혁으로 인해 가장 먼저 찾아온 변화는 성례 중심의 예배가 설교 중심으로 바뀌었다는 것입니다. 종교개혁가들은 구원 얻는 믿음이 분명한 지식에 근거한다고 보았고, 이 지식은 순수한 복음 설교를 통해 이루어진다고 믿었습니다. 이 때문에 설교는 예배에서 가장 중요한 순서가 되었습니다. 예배당에서 주변부에 놓여 있던 설교단이 교회의 중심부로 옮겨졌습니다. 소리의 전달력을 높이기 위해 설교단은 회중보다

존 칼빈이 올랐던 제네바 생 피에르 교회 설교단, 전달력을 위해 높은 곳에 설치되었다.

높은 곳에 설치되었습니다. 이로 인해 회중은 목사의 설교를 훨씬 더 잘 들을 수 있게 되었습니다.

모국어로 예배를 드리게 된 것도 종교개혁이 가져다준 선물이었습니다. 종교개혁가들은 평신도들을 교육하기 위해 성경을 번역하고 주석을 집필하고 교리문답을 만들었습니다. 더 나아가 회중을 위한 찬송가도 만들기 시작했습니다. 이제 회중은 분명한 지식을 가지고 스스로 찬송을 부를 수 있게 되었습니다.

종교개혁 이후에 예배는 적지 않은 논쟁의 대상이 되었습니다. 특히 국교도와 청교도가 대립하던 잉글랜드 교회에서 논쟁이 격렬하게 벌어졌습니다. 청교도들은 종교개혁 이전의 모든 로마 가톨릭교회 전통들을 제거하려 했습니다. 반면에 국교도들은 성경에 위반되지 않으면 최대한 존속시키려 했습니다. 또한 영국의 모든 교회가 동일한 예전에 따라 예배를 시행하는 것이 교회의 일치에 필수적이라고 보았습니다. 그 결과 모든 예식을 정리한 예전서인 공동기도서*가 작성되었고 이것이 잉글랜드 교회 예배의 토대가 되었습니다. 개체 교회는 공예배의 모든 사항을 세세하게 규정한 공동기도서 규정을 엄밀하게 따라야 했고, 다른 예배 방식은 허용되지 않았습니다. 스코틀랜드와 잉글랜드의 공동 왕이었던 찰스 1세가 공동기도서를 스코틀랜드에 강요했을 때 봉기가 일어났고, 이 봉기는 영국혁명으로 이어졌습니다.

잉글랜드의 공동기도서는 예배의 자유를 추구한 청교도들에게는 큰 걸림돌이었습니다. 청교도들은 오직 성경의 원리를 예배에 적용하고 규정적 원리를 발전시켰습니다. 이 원리에 따르면 오직 성경에서 명한 것만 예배에서 시행해야 합

---

* '공동기도서'의 원래 제목은 다음과 같이 매우 길다. *The Book of Common Prayer and Administration of the Sacraments and other Rites and Ceremonies of the Church, according to the use of the Church of England, Together with the Psalter or Psalms of David, pointed as they are to be Sung or said in churches: And the Form and Manner of Making, ordaining, and Consecrating of Bishops, Priests, and Deacons.*

니다.* 이 원리에 따라 일부 청교도들은 성탄절까지 폐지하려 했습니다. 반면에 국교도들은 성경에 반하는 것이 아니면 교회가 정하여 수용할 수 있다는 입장이었습니다. 대표적인 예가 목사의 예복에 관한 규정이었습니다. 청교도들은 이것이 청중으로 하여금 목사의 직무를 제사장의 직무로 오해하게 만드는 로마 가톨릭교회의 잔재라고 보았지만, 국교도들은 로마 가톨릭교회의 전통이라는 이유로 무조건 거부해서는 안 된다고 보았습니다.

15세기 후반에 시작된 예배 논쟁에서 엘리자베스 여왕이 국교도의 손을 들어주면서 청교도는 자신들의 입장을 접을 수밖에 없었습니다. 하지만 16세기 중반에 영국혁명이 일어나고 웨스트민스터 총회가 열렸을 때, 청교도들은 다시 한번 결집하여 예배에 대한 자신들의 입장을 정리했습니다. 웨스트민스터 총회는 신앙고백서와 대소요리문답으로 잘 알려져 있지만, 이와 더불어 '교회정치'와 '예배 지침'이 작성되었다는 것도 우리가 알아야 할 중요한 사실입니다. 청교도들은 교리뿐 아니라 교회정치와 예배 지침을 통해 스코틀랜드 교회와 잉

---

* 규정적 원리에 대해서는 청교도들과 칼빈의 입장이 미세한 차이를 보인다. 전자는 "성경이 명한 것"으로 이해했지만, 칼빈은 성경에 부합한 것으로 이해했다. 문화랑, 『예배, 종교개혁가들에게 배우다』(CLC, 2017), 176.

글랜드 교회를 연합시키려 했습니다.

　예배 지침을 작성하는 일에 청교도들은 국교회와 같이 획일적 예전에 따른 교회의 일치가 아니라 성경적 지침에 따른 일치를 추구했습니다. 즉 웨스트민스터 총회에 모인 청교도들은 성경이 하나의 획일적인 예배 형식을 제공하고 있지 않다고 보았습니다. 성경의 명시적인 원리는 철저하게 따르지만, 동시에 성경이 개체 교회에 준 자유를 허용하는 것이 성경적 예배 원리라고 판단했습니다. 이들은 잉글랜드의 획일적인 예배 형식(form)을 거부하고 대신 공예배 지침(directory)을 작성했습니다.* 이 지침은 이후로 모든 장로교회 예배의 표준이 되었고, 한국 장로교회의 예배 역시 기본적으로 이 지침에 근거합니다.

근대 이후

종교개혁 이후의 예배를 일관성 있게 논하기가 이전보다 훨

---

* 예배 지침 혹은 예배모범에 대해서는 다음 두 책을 참고하라. 장대선, 『웨스트민스터 예배모범 스터디』(고백과 문답, 2018). 손재익, 『특강 예배모범』(흑곰북스, 2018).

씬 어려워졌습니다. 교회가 여러 교파로 분열되면서 여러 형태의 예배가 도입되었기 때문입니다. 대표적인 예로 퀘이커 교도들은 예배를 극단적으로 규정하여 어떠한 예배 형식도 거부하면서 침묵에 가까운 예배를 도입하기도 했습니다. 이 책에서는 이런 일들까지 세세하게 다룰 수 없으므로 한국 교회에 큰 영향을 준 미국 장로교회와 감리교회를 중심으로 살펴보겠습니다.

웨스트민스터 총회가 예배에 관하여 확립했던 위대한 원리는 영국혁명이 실패로 끝나고 프랑스로 망명했던 찰스 2세가 귀국하면서 영국에서는 무용지물이 되었습니다. 하지만 웨스트민스터의 열매는 스코틀랜드와 미국에서 꽃을 피웠습니다. 스코틀랜드 교회는 국가의 영향을 강하게 받았기 때문에 장로교회의 정체성을 비교적 잘 유지할 수 있었습니다. 반면에 미국은 여러 국가의 이민자들로 구성되었기 때문에 교회도 훨씬 다양한 성격을 가질 수밖에 없었습니다. 1789년 미국이 영국으로부터 독립하자 이전까지 법적으로 영국에 속했던 장로교회가 독자적인 미국 장로교회가 되었고 점차 미국적 특색을 띠기 시작했습니다.

여러 차례에 걸쳐 일어난 대각성 운동은 교파를 초월하여 미국 개신교회 전체에 강력하고도 항구적인 영향을 끼쳤습니다. 조지 횟필드, 조나단 에드워드, 찰스 웨슬리와 같은 위대한 설교자들이 부흥의 시대를 주도했습니다. 이 부흥운동의 전형적인 특징 중 하나는 대규모의 군중집회였습니다. 부흥사들은 그야말로 장소를 불문하고 설교하기 시작했습니다. 당국자의 허락이 있으면 예배당에서 설교했지만, 여러 이유로 설교가 허락되지 않으면 야외에서도 복음을 전했습니다.

부흥운동은 전통적인 예배에 여러 모로 도전을 주었습니다. 무엇보다 설교 형식에 영향을 미쳤습니다. 전통적인 예배당에서 설교하는 것과 수천 명이 모인 야외에서 마이크도 없이 설교하는 것이 같을 수 없었습니다. 회중은 교리적이고 전통적인 설교보다 중생과 회심을 강조하는 역동적인 설교에 매료되었고, 전통적인 시편 찬송보다 사람의 감정을 고양시키는 복음 찬송에 열광했습니다. 처음에 이런 집회는 주일 공예배와 구분되는 별도의 모임에 불과했지만, 시간이 지나면서 주일예배도 부흥집회의 영향을 받기 시작했고, 결국 기존의 예배를 대체하는 경우도 생겼습니다.

부흥운동은 미국에서 여러 차례 주기적으로 발생했고, 시간이 지나면서 그 성격에 변화가 나타났습니다. 1차 부흥운동은 칼빈주의적 성격이 강했지만, 2차와 3차로 이어지면서 알미니우스적 성격이 강하게 나타났습니다. 부흥주의 아버지

찰스 피니는 부흥을 위한 특별한 방식이 있다고 확신하며 이 방식을 자신의 집회에 적용시켰습니다. 대표적인 예가 회중 가운데 '갈망의 자리'를 마련한 것입니다. 회심자를 위한 초청의 시간도 이전에는 없던 새로운 시도였습니다. 피니가 시도한 여러 방식들은 부흥을 추구하는 후배 목사들에게 일종의 지침이 되었습니다.

서부 개척이 시작되고 사람들이 서부로 몰려들면서 종종 대형 천막에서 대중집회가 열렸는데, 이 역시 예배에 많은 영향을 주었습니다. 무엇보다 여러 교파들이 모였기 때문에 특정 교파의 입장을 드러내는 교리 설교는 배제되었습니다. 교단별로 다른 찬송가 대신 당시 유행하던 복음성가를 예배 시간에 사용했습니다. 예전에 따른 예배보다 각 상황에 맞게 적용된 형태의 예배가 대세를 이루었습니다. 부흥집회는 사람들을 회심시키는 것이 목적이므로 기존 신자들이 드리는 전통 예배와 근본적으로 차이가 났습니다.

19세기의 이와 같은 예배의 흐름에 대한 반발도 적지 않았습니다. 로마 가톨릭교회의 경우 프랑스의 솔렘과 독일의 보이렌을 중심으로 중세의 고전적 예배로 돌아가자는 운동이 일었고, 영국 성공회에서는 옥스퍼드 운동이라는 예전 복고 운동이 일어나 성공회 예배에 큰 영향을 주기도 했습니다. 이와 같은 복고 운동은 루터교회와 개혁교회에서도 유사하게 진행되었습니다. 이들은 루터와 칼빈의 전통을 따라 예배가 회복되어야 한다고 생각했습니다. 복고 운동으로 초대교회의 성찬에 대한 관심이 증가했고 중세 이전의 고전적인 찬송이 현대어로 번역되기도 했습니다.

20세기 이후

20세기에 들어와서 예배는 큰 변화를 겪었습니다. 로마 가톨릭교회의 제2차 바티칸 공의회의 결정(1962-1965년)은 예배 역사에 분기점이 되는 사건이었습니다. 철저하게 전통에 집착해 온 로마 가톨릭교회가 예배의 변화를 시도했기 때문입니다. 이것은 거의 있을 수 없는 일이었습니다. 이 공의회에서 로마 가톨릭교회는 더 생기 있고 참여하는 예배를 강조했습니다. 무엇보다 모국어 예배를 허용하고 예배 의식을 단순화시켰습니다. 성찬(미사)과 설교의 균형을 강조한 것도 큰 변화 중 하나입니다. 그 결과 오늘날 로마 가톨릭교회의 예배는 말씀 예전과 성찬 예전, 두 부분으로 구성되었습니다.

　개신교 예배의 변화는 오순절 운동이 주도했습니다. 20세기에 시작된 오순절 교회는 폭발적으로 성장했고, 이에 따라 예배도 큰 영향을 받았습니다. 성령을 강조하면서 형식적인 예배 순서를 거부하는 대신에 즉흥적인 찬송과 설교를 선호하기 시작했습니다. 신자들은 예배에 적극적으로 참여하고 설교자는 청중의 반응을 독려하는 데 주력했습니다. 예배 시간에 모든 신자가 소리 내어 기도하는 통성기도도 점차 일반화되었습니다. 오순절 예배에서 무엇보다 중요한 요소는 참여자의 열정이었습니다. 방언 기도는 오순절 교회를 대표하는 특징이 되었습니다. 오순절 교회는 특히 1970년대 한국에 영향을 미쳐 여의도순복음교회 같은 초대형 교회가 탄생했습니다.

기술의 발달로 예배 형태가 급격하게 바뀌었습니다. 20세기 최고의 부흥사 빌리 그래함이 1973년 한국에서 집회를 열었을 때 100만 명이 넘는 신자들이 여의도에 모였습니다. 음향 기술의 지원이 없었다면 이런 모임 자체가 불가능했을 것입니다. 방송의 발달로 아예 텔레비전 전용 부흥사들이 출현하기도 했습니다. 전자 음악의 발달은 예배 음악에 영향을 미쳤습니다. 청년들은 CCM에 매료되었고 팝, 재즈, 랩, 심지어 헤비메탈 음악도 사용되기 시작했습니다.

20세기 말에 보편화 된 컴퓨터 및 인터넷과 21세기 초에 보편화 된 휴대폰 역시 예배에 큰 영향을 주고 있습니다. 요즘 더 이상 성경책과 찬송가를 들고 예배당에 오지 않는 신자들과 예배 시간에 휴대폰을 사용하는 신자들이 점차 늘고 있습니다. 설교를 듣다가 의문이 생기면 그 자리에서 검색할 수 있는 시대가 되었습니다. 헌금을 온라인으로도 하는데, 언젠가는 예배 시간에 휴대폰을 이용하여 이체하는 날이 올지도 모르겠습니다.

현재 우리는 코로나바이러스감염증-19(이하 코로나)로 인해 온라인 예배가 확산되고 있는 현실을 목도하고 있습니다. 이것이 앞으로 교회에 어떤 영향을 끼칠지는 아무도 모릅니다. 지난 2천 년 예배의 역사 속에서 우리가 작금의 상황에 대처하기 위한 소중한 통찰을 얻을 수 있기를 바랍니다.

6. 예배의 체질 개선[*]

팬데믹 시대의 도전과 응전

2020년 1월 20일에 첫 확진자가 발생한 이후부터 코로나는 한국 사회에 충격을 주었습니다. 이전의 메르스 때처럼 두세 달 정도면 진정될 것이라는 기대와 달리 그 끝을 모른 채 상황이 계속 이어지고 있습니다. 게다가 전세계에서 동시다발적으로 발생하여 국내에서 문제가 해결된다고 하더라도 완전히 자유로울 수 없습니다. 코로나 이전의 모습으로 돌아가기란

---

[*] 이 장은 『개혁신학과 교회』(고려신학대학원, 2020), 39-67에 실린 필자의 원고를 약간 수정했다.

불가능하며 앞으로 이와 같은 상황이 반복되는 것에 대비해야 할 형편입니다.

코로나는 교회에도 큰 충격을 주었습니다. 무엇보다 예배에 대해 근본적인 질문을 하게 만들었습니다. 그동안 당연시 해온 것들이 더 이상 당연한 게 아님이 드러났습니다. 심지어 예배를 위해 모이는 것 자체가 힘들어졌습니다. 온라인으로 예배를 드리면서도 과연 이래도 되는지 회의하는 성도들이 늘고 있습니다. 반대로 이번 기회에 차라리 예배를 온라인으로 바꾸어도 좋겠다는 성도들이 생겨나고, 아예 온라인을 통해 교회를 개척하려는 시도도 있습니다. 이 모든 것은 결국 "도대체 예배가 무엇인가?"라는 질문으로 귀결됩니다. 이 질문에 대한 답이 명확하지 않을수록 신자들은 예배를 드리면서도 찜찜함을 벗을 수 없을 것입니다. 코로나로 인해 우리는 한 번도 생각해 보지 않은 질문 앞에 섰습니다.

예배를 잠잠케 하신 하나님

코로나가 가져온 사회적 현상을 여러 각도에서 볼 수 있겠지만, 적어도 예배에 관해서는 하나님의 관점에서 바라보아야 합니다. 예배에 관한 논의가 많지만 예배를 받으시는 하나님의 관점에서는 논의가 거의 이루어지고 있지 않습니다. 물론 인간이 하나님의 속마음을 읽을 수는 없습니다. 하지만 나타난 현상을 통해 하나님의 뜻을 부분적으로 추론하는 것은 가능할 뿐 아니라 교회가 해야 할 일입니다.

우리는 하나님의 섭리를 믿습니다. 코로나 같은 역병 역시 하나님의 섭리 안에 있으며 하나님께서 주신 것이 분명하다고 믿습니다. 섭리의 관점에서 볼 때 코로나는 수단에 지나지 않습니다. 지금 일어나는 여러 현상들은 엄밀하게 말하면 하나님께서 코로나를 통해 일하신 결과라고 할 수 있습니다. 그러므로 신자들은 하나님께서 무엇을 하고 계신가에 주목해야 합니다.

저는 그중 하나로 하나님께서 코로나를 통해 우리의 예배를 정화시키고 계신다고 믿습니다. 코로나 이후 예배에 나타난 가장 큰 변화는 예배가 조용해졌다는 것입니다. 성도들이 예배당에 모이는 것조차 어려워졌고 예배당에 울려 퍼지던 찬송 소리를 듣기도 힘들어졌습니다. 마스크는 그나마 우리 입술에서 나오던 소리마저 감소시켰습니다. 이른바 '조용한 예배'가 시작되었습니다.

목소리 높여 찬양하기 좋아하던 신자들은 이런 조용한 예배가 거북할 것입니다. 코로나가 진정되면 다시 예전처럼 예배 드리려 할 것입니다. 하지만 조용한 예배에 익숙해진 사람들의 반대도 만만치 않을 것입니다. 솔직히 어느 것이 더 낫다고 단정하기 어렵지만 코로나를 통해 하나님께서 예배를 조용하게 하셨다는 사실만큼은 진지하게 받아들일 필요가 있습니다. 찬송 소리의 크기뿐 아니라 하나님께서 어떤 찬송을 좋아하시고 우리가 어떻게 찬송하기를 원하시는지 함께 성찰할 시기가 되었습니다.*

하나님은 코로나를 통해 주일의 모습도 크게 변화시키셨습니다. 많은 신자들에게 주일은 일주일에 한 번 예배에 참석하는 날이었을지 모릅니다. 신앙의 연륜이 있는 어떤 신자들에게는 매우 분주한 날이었을 것입니다. 찬양대나 주일학교 교사나 각종 모임의 임원을 맡고 있었을 테니까요. 그렇게 열심히 봉사하는 것이 교회를 세우고 하나님을 기쁘시게 하는 일이라고 확신했을 것입니다.

코로나가 찾아온 이후로 그런 모습은 거의 찾아볼 수 없게 되었습니다. 이제는 진지하게 질문할 때가 되었습니다. 그

---

* 찬송의 기본에 대해서는 필자의 다음 책을 참고하라. 이성호, 『바른 예배를 위한 찬송해설』(SFC, 2018).

런 봉사가 하나님께 정말 필요한 것일까요? 주일날 분주하게 지내는 것을 하나님께서 기뻐하실까요? 열심히 신앙생활을 하는 한 중년 남성에게 이런 말을 들었습니다. 아내가 찬양대 봉사를 하는 바람에 지금까지 한번도 함께 예배를 드려본 적이 없는데, 코로나 때문에 찬양대 활동이 중단되니 가족과 함께 예배를 드릴 수 있어 오히려 주일이 더 좋아졌다고 말입니다.

이제 우리는 불편한 진실과 마주해야 합니다. 지금까지는 찬양대 없는 주일 예배를 상상할 수 없었습니다. 하지만 코로나로 인해 찬양대 없는 주일 예배가 이루어지고 있습니다. 봉사가 곧 사명이라는 지금까지의 생각이 거대한 장벽에 부딪혔습니다. 찬양대뿐 아니라 주일날 식사 봉사도 없어졌고, 주일학교 교육도 중지되었으며, 소그룹 모임도 위축되었습니다. 주일에 신자들이 특별히 하는 일이 없어졌습니다. 예배를 드리면 그것으로 끝입니다. '주일에 이래도 되나?' 하는 생각이 들 정도입니다. 모든 것이 중단되고 말았습니다.

그런데 이것을 '중단'이라고 부르는 게 맞을까요? 과연 주님은 우리가 주일마다 아침부터 저녁까지 열심히 봉사하기를 원하실까요? 어쩌면 지금 아무 일도 하지 않는 우리의 모습이 '안식'은 아닐까요? 사실 주일은 하나님께서 일하시는 날이고 우리는 쉬면서 그분이 하시는 일을 즐기는 날입니다. 예수님은 안식일에 병자를 고치시면서 "내 아버지께서 이제까지 일하시니 나도 일한다"(요 5:17)라고 말씀하셨습니다.

이스라엘 백성들을 향하여 여호와 하나님께서 이렇게 말씀하셨습니다.

> 여호와께서 말씀하시되
> 너희의 무수한 제물이 내게 무엇이 유익하뇨
> 나는 숫양의 번제와 살진 짐승의 기름에 배불렀고
> 나는 수송아지나 어린 양이나 숫염소의 피를
> 기뻐하지 아니하노라.
> 너희가 내 앞에 보이러 오니
> 이것을 누가 너희에게 요구하였느냐
> 내 마당만 밟을 뿐이니라(사 1:11-12).

이사야서의 메시지는 우리로 하여금 하나님의 관점에서 예배를 바라보도록 권고하고 있습니다. 그동안 열심히 하나님을 섬겼는데 하나님께서 그것을 기뻐하지 않으시다면 그보다 더 허무한 일은 없을 것입니다. 이제까지 우리는 주일에 마르다처럼 참으로 분주하게 보냈는데, 하나님께서 원하시는 것은 예배 시간에 가족과 함께 하나님의 말씀에 보다 집중하는 것일 수도 있습니다. 교회 봉사가 중요하지 않다는 게 아니라 말씀을 읽고 듣는 것보다 더 중요해져서는 안 된다는 것입니다.

누가 예배자인가?

앞에서 우리는 예배를 받으시는 분에 대해 살펴보았습니다. 이제 예배를 드리는 자에 대해 이야기하겠습니다. 코로나는 "누가 예배를 드릴 수 있는가?"라는 질문을 우리에게 던집니다. 대부분은 예배에 참석하면 누구나 다 예배자가 된다고 생각할 것입니다. 교회가 예배에 참석하러 오는 사람을 막지 않았기 때문입니다. 예배에 사람들이 많이 참석할수록 좋다는 생각이 앞섰습니다. 그래서 예배당 공간을 늘리고 필요하면 예배를 몇 부씩 나누기도 했습니다. 그래도 부족하면 새로 더 큰 건물을 지어 올렸습니다.

여태껏 당연시 해온 이 생각에 코로나는 그렇지 않다고 말하는 듯합니다. 교회는 지금 예배당에 오는 사람들을 제한하고 있습니다. 아무나 예배당에 출입하지 못합니다. 신천지 파동 이후 예배당 출입은 더 엄격해졌습니다. 새 신자들은 예배당에 들어가는 것조차 부담스러운 상황이 되었습니다. 새 신자가 기존 성도들에게 부담스런 존재마저 되고 있습니다.

코로나는 우리에게 예배자와 관련하여 중요한 도전을 제기합니다. "누가 예배자이며 누가 그것을 결정하는가?" 예배에 참석한다고 해서 예배자가 될 수 있는 것도 아니고, 원한다고 해서 예배에 참석할 수 있는 것도 아님이 드러났습니다. 예배당이 협소한 경우에는 기존의 교인들도 예배에 참석하지 못하는 상황입니다. 예배 참석 여부를 결정하는 권한을 결코 가볍게 볼 수 없는 것이라면 누가 이것을 결정할 수 있을까요?

장로교회에서는 당회가 예배에 총체적인 결정권을 가지고 있습니다. 코로나로 인해 당회의 역할이 중요해졌습니다. 성도들 대부분에게 당회는 생소하거나 거리감이 있을 것입니다. 당회가 어떤 결정을 내리더라도 교회 행정과 관련이 있지 자신의 신앙생활과는 직접 관련이 없다고 생각할 것입니다. 하지만 이제는 당회가 신자들의 예배를 감독해야 하는 상황이 되었습니다. 이 역할을 잘 감당하느냐 그렇지 않느냐에 따라 교회의 건강함이 결정되는 형편입니다. 당회가 이런 권한을 제대로 행사를 하기 위해서는 그만큼 성도들의 신뢰를 얻어야 합니다.

당회는 근본적으로 예배를 위해 존재하는 기관이 되어야 합니다.* 당회는 무엇보다 예배자를 결정할 수 있는 권한을 가지고 있습니다. 전통적인 관점에서, 당회원들은 성찬식에 참여할 예배자를 결정합니다. 다만 그동안 교회가 성찬을 등한시했기 때문에 예배를 보호하는 당회의 본질적 기능이 약화된 것이 문제입니다. 이번 기회에 회원을 감독하는 당회의 본질적 기능이 회복될 필요가 있습니다. 회복은 성찬에서 시작되어야 하고, 그러자면 성찬에 대한 분명한 이해가 선행되어야 합니다.

어린이도 예배자다

코로나로 가장 큰 피해를 겪는 교회 구성원은 어린 자녀들입니다. 하지만 교회에서 어린이는 대개 우선순위에서 밀리고 있습니다. 지금도 예외가 아닙니다. 코로나 문제로 교회 내에서 여러 논의가 이루어지고 있지만 어린이에 대한 논의는 찾

---

* 직분과 예배의 밀접한 관계에 대해서는 필자의 다음 책을 참고하라. 이성호, 『직분을 알면 교회가 보인다』(좋은씨앗, 2018).

아보기 힘듭니다. 우리 주님은 "어린아이들이 내게 오는 것을 용납하고 금하지 말라 하나님의 나라가 이런 자의 것이니라"(막 10:14)고 말씀하셨습니다. 코로나 상황에서 어린 자녀들이 영적으로 가장 큰 피해를 겪고 있다는 점을 우리는 심각하게 받아들여야 합니다. 어린이는 교회의 미래입니다. 어린이에게 무관심하면 교회의 미래는 암울할 수밖에 없습니다.

예배와 관련하여 어린이에 대한 논의는 "어린이도 예배자다"라는 명제에서 시작해야 합니다. 코로나로 인해 교회 내에서 특히 어린 자녀를 둔 가정의 예배 참석자 수가 급감했습니다. 주일학교는 운영이 거의 불가능한 형편입니다. 주일학교 예배를 온라인 예배로 대체한 교회도 있지만 제대로 시행하기 어려운 곳이 많습니다. 그나마 나은 점은 부모와 어린이가 집에서 함께 예배를 드릴 수 있게 된 것입니다. 이것은 코로나 상황 이전에는 볼 수 없었던 현상입니다. 아니 아주 오랫동안 잊혔던 예배의 모습입니다.

자녀의 신앙 형성에 부모의 역할이 보다 더 중요해졌습니다. 이전까지는 주일에 자녀들을 교회에 데려다주기만 하면 되었지만 이제는 자녀들과 함께 집에서 온라인 예배를 드려야 합니다. 이때 부모가 챙겨야 할 것이 적지 않습니다. 무엇보다 예배를 드릴 때 부모가 모범이 되어야 합니다. 여러 세대가 함께 예배를 드리는 가운데, 하나님이 기대하시는 예배자의 모습을 자녀에게 보이고 가르쳐야 합니다.

부모의 신앙교육과 관련하여 이번 기회에 유아세례의 진정한 의미가 회복되기를 소망합니다. 세례식에서 가장 중요한 순서인 서약 속에 유아세례의 의미가 잘 나타나 있습니다. 세례식 서약문에 이런 질문이 있습니다.

> 여러분은 지금 이 아이를 하나님께 바치고, 겸손한 마음으로 하나님의 은혜를 의지하며 친히 경건의 본을 아이에게 보여 주고, 그를 위하여 기도하며 그와 함께 기도하고 거룩한 진리의 도를 가르치고 주의 교훈 가운데서 장성하는 일에 최선을 다하기로 작정하십니까?

"경건의 본을 아이에게 보여 주는" 가장 좋은 방법은 무엇일까요? 자녀를 위해 기도할 뿐 아니라 자녀와 함께 기도하는 가장 좋은 방법은 무엇일까요? 정답은 가정예배입니다. 또한 가정예배와 더불어 공예배 속에서도 자녀와 함께 기도하면서 자녀에게 경건의 모범을 보이는 것이야말로 가장 훌륭한 신앙교육이 됩니다.

영상에 의존하는 예배의 위험성

이미 오래전부터 예배 참석자의 편의를 위해 깊은 신학적 고민 없이 스크린을 예배당에 들여온 결과, 성도들은 이전과 달리 매우 수동적인 예배자로 변했습니다. 더 이상 스스로 성경을 찾지 않습니다. 자신만의 성경책이나 찬송가가 없는 경우도 있고, 찬송을 외우는 사람도 드뭅니다. 성도들이 영상에 의존하다 보니 예배당에 나와 예배를 드리는 것이 집에서 텔레비전 예배를 드리는 것과 근본적으로 다를 바 없게 되었습니다. 예배당 뒷자리나 기둥 뒤에서 예배를 드리느니 집에서 편안하게 예배를 '관람'하는 편이 낫겠다는 생각이 들 정도입니다.

코로나는 예배의 이러한 변화를 가속화시켰습니다. 다른 점이 있다면 이전에는 부차적이던 온라인 예배가 중심이 되고 현장 예배가 주변으로 밀려났다는 것입니다. 이제 예배는 그야말로 공연이나 다름없이 '보는 예배'가 된 듯합니다.

온라인 예배가 가져온 중대한 변화 중 하나는, 설교 중심의 예배가 더욱 심화되었다는 것입니다. 거의 대부분의 교회에서 홈페이지에 설교 영상만 올리는 경우가 많습니다. 이런 현상은 성도들에게 설교가 예배의 전부라는 인상을 주기에 충분합니다. 교회마다 다르겠지만 실제로 온라인 예배를 드리는 중에 목사의 설교가 끝나면 성도들 상당수가 빠져나간다고 합니다. 많은 성도들이 예배를 강연회 정도로 인식한다는 반증이 아닐까요?

　코로나 상황 이전에도 예배의 강연화 문제는 심각했습니다. 많은 성도들이 케이블 텔레비전이나 유튜브를 통해 다른 교회 목사들의 설교를 시청하는 데 익숙해진 상황이었습니다. 코로나는 이런 관행을 더 극단으로 끌고 갔습니다. 현장 예배가 제한되면서 본 교회의 실시간 예배가 아니라 다른 교회의 예배를 보는 신자들이 급속하게 늘었습니다. 설교의 비중이 지나치게 커졌습니다. 좋은 설교를 듣고자 하는 성도들의 열망을 막을 수는 없지만, 이로 인해 교회의 양극화가 심화되고 있습니다. 이러다가는 한국 교회 전체의 기반마저 약화될 위험이 있습니다.

"꼭 모여야 하나요?"

예배와 관련하여 코로나가 던진 중요한 질문 중 하나는 "꼭 모여서 예배를 드려야 하나요?"입니다. 이런 질문은 지금까지 심각하게 제기된 적이 없었습니다. 예배는 당연히 모여서 드리는 것이라고 생각했기 때문입니다. 우리는 함께 모여서 드리는 예배가 더 낫다는 것을 이미 알고 있습니다. 그럼에도 이런 질문을 하는 이유는, 그 중요성에 대해 설득력 있는 답을 내놓지 못하면 우리의 다음 세대가 교회에 등을 돌리게 될지도 모르기 때문입니다.

예배의 본질을 확인하려면 (이 책 앞에서 다루었지만) 먼저 예배의 요소를 짚어볼 필요가 있습니다. "예배에서 꼭 있어야 할 것이 무엇인가"라는 질문에 성도들은 주로 설교라고 답할 것입니다. 그런데 설교가 유일한 답이라면 반드시 성도들이 모일 필요는 없습니다. 장비만 좋으면 집에서 보다 더 선명하게 목사의 음성을 들을 수 있습니다. 찬양이나 기도도 마찬가지입니다. 비록 현장감은 떨어지겠지만 온라인 예배 인도자를 따라 집에서 각자 찬양이나 기도를 할 수 있습니다. 인터넷 뱅킹이 발달한 사회에서 굳이 직접 헌금을 내려고 예배에 참석할 필요는 없을 것입니다.

우리는 설교, 기도, 찬양 등을 가장 중요한 예배 순서로 알고 있지만, 이것만으로는 현장 예배 참석의 필수성을 설명하기에 한계가 있습니다. 현장 예배가 온라인 예배보다 나은 점을 어느 정도 어필할 수는 있어도, 반드시 함께 모여서 예배 드려야 한다는 것을 설명하기에는 뭔가 부족합니다.

우리가 함께 모여 예배 드릴 때에만 누릴 수 있는 은혜는 무엇일까요? 답은 의외로 간단합니다. 그것은 바로 성례, 그중에서도 성찬입니다. 설교나 기도, 찬송과 달리 성찬은 참석자만이 누릴 수 있는 은혜의 수단입니다. 듣고 말하는 것은 예배 현장에 가지 않아도 가능하지만, 받아서 먹고 마시는 성찬은 현장에 있지 않으면 할 수 없는 일입니다.

아쉽게도 그동안 한국 교회는 설교와 찬양이 중심이 된, 그러나 성찬이 생략된 예배를 주로 드렸습니다. 찬양대 없는 예배는 영 어색해도 성찬 없는 예배는 이상하게 보지 않습니다. 설교와 찬양 중심의 예배는 설교자나 찬양 인도자의 역량에 따라 예배의 질이 크게 달라진다는 결함이 있습니다. 그러나 성찬은 집례자의 능력이 그리 중요하지 않습니다. 오히려 참석한 성도들 개개인의 신앙이 더 중요합니다.

성찬은 십자가에서 완성되신 은혜 언약을 보여 주고 확신시키는 표(sign)와 인(seal)입니다. 성찬에 참여하는 성도들은 단지 떡만 먹는 것이 아니라 그와 함께 그리스도의 참된 살을 영적으로 그러나 실재적으로 먹습니다. 이것은 인간의 머리로 이해하기보다는 믿음으로 받아들여야 하는 일입니다. 이와 같은 영적이며 실재적인 식사는 전능하신 성령의 능력으로만 가능합니다.

성찬은 예배의 본질인 '성도의 교제'를 가장 분명하게 보여 준다는 점에서 중요합니다. 우리는 매주 사도신경을 통해 "성도의 교제를 믿습니다"라고 고백합니다. 교회에서 이루어지는 '성도의 교제'는 단순히 친교 이상을 의미합니다. '성도의 교제'는 성령의 중요한 사역 중 하나로 우리 신앙의 대상입니다. 성도의 교제는 라틴어로 코뮤니오 상크토룸(communio sanctorum)이라고 하는데, 이중적 번역이 가능합니다. 성도의 교제로 번역할 수 있고 '거룩한 것들에 참여함'으로도 번역할 수 있습니다. 결국 성도의 교제는 거룩하신 성령의 능력으로 거룩한 것들인 성례(세례와 성찬)를 통해 거룩하신 그리스도와 한 몸을 이루어 거룩한 교제를 나누는 것을 의미합니다.

그렇다면 신자들은 이 거룩한 교제를 어떻게 가장 확실하게 경험할 수 있을까요? 바로 예배, 그중에서도 성찬을 통해서입니다. 참되고 영적인 교제가 실제로 이루어지지 않는 예배는 연약할 수밖에 없습니다. 이것이 온라인 예배의 한계입니다. 성찬 없는 예배는 온라인 예배와 근본적으로 차이가 없습니다. 결국 예배는 성례를 통해 교제를 회복하는 방향으로 나아가야 합니다.

그러면 어떻게 바꿀 것인가?

코로나로 인해 많은 교회가 걱정하고 있습니다. 예배 참석자가 줄고 이에 따라 헌금이 줄어드는 것이 가장 큰 이유일 것입니다. 하지만 모든 교회가 그런 것은 아닙니다. 코로나 상황에서도 비록 교회 규모는 작지만 오히려 교인 수와 헌금이 늘어난 교회도 있습니다. 이는 교회가 어떻게 대처하는가에 따라 지금의 사태가 교회에게 기회가 될 수 있음을 보여 줍니다. 이제 예배의 본질에 관심을 기울이고 예배를 중심으로 교회의 체질을 강화하는 데 힘을 모아야 합니다.

1. 삼위 하나님이 중심이 되는 예배

예배에 대한 논의가 진행될수록 이상하게 주된 관심이 인간에게 쏠리는 모습을 보게 됩니다. 예배에는 변하는 요소도 있고 변하지 않는 요소도 있는데, 예배 받으시는 분이 성부, 성자, 성령 삼위 하나님이라는 것은 변하지 않습니다. "어떻게 예배 드릴 것인가?"의 늪에 빠져서 "누구에게 예배하는가?"라는 질문을 소홀히 해서는 안 됩니다. 코로나는 지금까지 당연시 해온 것들에 대해 질문하게 만들었습니다. 과연 우리는 성부, 성자, 성령 삼위 하나님께 예배를 드리고 있습니까? 그렇다는 확신을 예배의 어떤 요소와 순서에 근거해서 가질 수 있습니까? 지금까지 사람에게 맞춘 예배의 방향타를 삼위 하나님께로 돌려야 합니다. 삼위일체 하나님께 예배 드리고 있음을 모두가 쉽게 알 수 있도록 노력해야 합니다.

2. 설교의 상향평준화

온라인 예배의 도입으로 설교의 중요성이 커졌습니다. 설교가 예배의 전부가 되었다고 해도 과언이 아닙니다. 설교는 중요하지만 그렇다고 예배의 전부가 되는 것은 바람직하지 않습니다. 대중의 마음을 얻고 있는 일부 스타 목사들의 설교를 보면 피상적이거나 감상적인 경우가 더러 있습니다. 심지어 탈교리적인 경우도 있습니다. 개체 교회의 예배를 살리고 설교의 수준을 올리기 위해서는 일차적으로 설교자가 노력해야겠지만, "들을 귀 있는" 성도를 양육하는 일도 중요합니다. 좋은 설교의 기준을 성도들이 분명히 갖도록 하는 것입니다.

구속사적 관점을 유지하고, 깊은 주해와 합리적인 메시지를 전하며, 공교회 교리에 충실한 설교를 하기란 결코 쉬운 일이 아닙니다. 신학적 소양이 뛰어난 목사일지라도 상당한 시간이 확보되지 않으면 그런 설교를 준비할 수 없습니다. 목사가 설교 준비에 전념하려면 필수적인 목양 사역 외에 다른 일에 관여하여 시간을 빼앗기지 않도록 당회가 제대로 감독할 필요가 있습니다.

3. 예배와 집회(경건 모임)의 구분

코로나로 인해 예배와 집회의 구분이 모호해졌습니다. 이런 모호함은 어린이 예배에서 두드러집니다. 어린이 예배에서는 어린이의 흥미와 관심을 붙드는 데 보다 더 관심을 기울입니다. 이런 경향은 이전의 현장 예배에서도 있었지만 온라인 예배가 시행되면서 가속화되고 있습니다.

어린이 예배(집회)에서 어린이의 관심을 높이기 위해 이런 저런 활동을 시도하는 것은 충분히 이해됩니다. 흥미를 끌지 못하면 현장 예배든 온라인 예배든 할 수 있는 일이 아무것도 없기 때문입니다. 하지만 이런 신앙교육 활동은 엄밀히 말해 '예배'라고 부르기가 곤란합니다. 활동 자체가 잘못되어서가 아니라, 예배라는 이름으로 시행되기 때문에 혼동을 줄 수 있습니다. 어린이들은 가족과 함께 주일 공예배에 참석하고, 그 외 모임은 예배가 아니라 경건회 또는 교육활동이라는 이름으로 시행하는 것이 바람직하다고 봅니다. 코로나를 통해 갑작스럽게 도입되었지만 온라인으로 가족이 함께 드리게 된 통합예배를 살리는 방향으로 예배의 체질을 개선할 필요가 있습니다. 예배와 집회를 구분하고, 예배의 정체성을 분명히 하면서 다양한 형식의 모임과 집회를 통해 성도들의 영적 필요를 충족시키는 방향으로 나아가는 것이 바람직합니다.

4. 안식의 회복

코로나는 주일의 모습을 완전히 바꿔 놓았습니다. 많은 교회가 주일예배를 온라인으로 전면 전환했습니다. 그러면서 신자들이 주일에 대해 다시 생각하고 있습니다. 지금까지 주일은 분주한 날이었습니다. 어느 부서에서든 봉사 활동을 해야 했기 때문입니다. 하지만 이제 이와 같은 봉사가 거의 필요없게 되었습니다. 코로나가 종식되더라도 이전처럼 활발한 봉사는 기대하기 어려울 것입니다. 이미 많은 신자들이 주일날 안식의 기쁨과 가족의 소중함을 깨달아 버렸기 때문입니다.

분주한 주일은 지양할 필요가 있습니다. 이제 교회 모임과 행사를 줄이고 내실을 다져야 합니다. 주일 공예배 외에 지금까지 당연시 해온 모든 활동들을 검토하면서 교회에 반드시 필요한 것을 선별해야 합니다. 과연 무엇이 우리의 교회를 지탱시키고 있는지 깊이 생각하고, 안식이 실현되는 주일에 대해 고민할 때입니다.

5. 예배 지침의 중요성

코로나로 인해 예배에 대해 이전에는 생각지 못한 질문들이 제기되지만, 제대로 된 답변을 내놓기가 쉽지 않습니다. 답변으로 제시한 것들이 교회에 실질적으로 도움이 되지 못하기 때문입니다. 대개는 각자 소견에 옳은 대로 제시한 것에 지나지 않습니다. "오직 성경"이라는 원리가 있지만 그마저도 혼란을 일으키는 경우가 많습니다. 성경이 명시적으로 말하지 않는 부분에 대해 각자의 소견을 말하고 있기 때문입니다.

"오직 성경"이란 성경만이 모든 믿음과 행위에서 최고의 권위를 갖는다는 말이지 제2, 제3의 권위를 부정하는 개념이 아닙니다. 그래서 특히 장로교회는 신앙고백서뿐 아니라 교회정치와 공예배 지침서를 작성하여 교회의 일치를 도모했습니다. 공예배 지침서가 성경의 가르침에 어긋나지 않는 한 장로교회는 이것을 권위 있는 예배 규범으로 받아들여야 합니다. 그러나 오늘날 예배 지침은 거의 사문화되어 실제로 아무런 권위가 없습니다. 예배를 판단하는 기준이 사라진 것입니다. "오직 성경"이 우리에게 흔들리지 않는 기준인 것 같지만, 실제로는 아무 기준이 되지 못한다는 것이 아이러니입니다. 올바른 해석과 적용 없는 "오직 성경"은 구호에 지나지 않습니다.

예배 지침이 예배를 판단하는 데 어떤 역할을 하는지 예를 들어 보겠습니다. 성경 봉독은 분명 예배의 중요한 순서입니다. 그런데 예배 시간에 누가 성경을 봉독해야 할까요? 성경은 이에 대해 명시적으로 말하고 있지 않습니다. 신자들 대부분은 "누구나 읽을 수 있지 않은가?"라고 반문할 테지요. 실제로 고등학생이 공예배 시간에 성경 봉독하는 것을 본 적이 있습니다. 그렇게 한 이유는 이해됩니다. 학생들에게 예배의 한 순서를 맡겨 예배에 적극적으로 참여시키겠다는 것이지요. 하지만 예배 지침에 따르면 공예배에서 하나님의 말씀인 성경을 봉독하는 것은 목사의 직무입니다. 성경 봉독을 단순히 책 읽기로 이해하여 예배 시간에 학생에게 성경 봉독 순서를 맡긴 것은 적절치 않습니다. 아무리 의도가 선해도 결과는 그렇지 않을 수 있습니다. 예배의 본질에 대한 보다 깊은 성찰이 필요한 이때, 예배의 질서를 회복하는 데 이러한 예배 지침서가 길잡이가 되어 줄 것입니다.

6. 신앙의 자생력 기르기

오래전 선교사와 목사의 수가 절대적으로 부족하던 시기에 각 교회의 장로와 집사들은 목사 없이도 각 가정과 구역에서 예배를 드렸습니다. 이들의 헌신적인 예배 사역이 없었더라면 한국 교회는 오늘날과 같이 부흥하지 못했을 것입니다.

그런데 평신도의 신앙 자생력이 예전만 못한 것 같습니다. 결혼이 늦어지고 맞벌이가 보편화되고 자녀 수가 줄어들어서인지 가정예배가 약해졌고, 구역예배를 드리는 교회도 줄어들고 있습니다. 큐티(QT)로 불리는 개인 경건에 대한 관심도 예전 같지 않습니다. 인터넷과 영상의 발달로 신자들은 점점 수동적이고 의존적인 신앙생활에 익숙해지고 있습니다. 이런 시기에 코로나 상황을 맞이하여 우리는 신앙의 자생력이 얼마나 중요한지 다시 한번 인식하게 되었습니다. 이제라도 신자 개개인을 올바른 예배자로 세우는 일에 교회가 힘써야 합니다.

신앙의 자생력과 관련하여 하이델베르크 요리문답 제32문답은 다음과 같은 지침을 주고 있습니다.

32. 당신은 왜 그리스도인이라고 불립니까?

왜냐하면 내가 믿음으로 그리스도의 지체가 되어 그분의 부르심에 참여하기 때문입니다. 나는 선지자로서 그 이름의 증인이 되며, 제사장으로서 나 자신을 감사의 산 제물로 그분에게 드리고, 또한 왕으로서 이 세상에 사는 동안 자유롭고 선한 양심으로 죄와 마귀에 대항하여 싸우고, 이후로는 영원히 그분과 함께 모든 피조물을 다스릴 것입니다.

코로나로 인해 모여서 예배 드리기가 힘들어진 상황에서 교회가 할 일은 신실한 그리스도인을 양성하는 것입니다. 이 점에서 우리는 웨스트민스터 신앙고백서에 따라 공예배와 사적 예배를 올바로 자리매김할 필요가 있습니다.

> 현 복음 시대에 기도나 종교적 예배의 어떤 순서도 행하는 장소나 향하는 곳에 매여 있지 않으며 더 잘 받아들여지는 것도 아니다. 그러나 매일 가정에서나 은밀하게 홀로, 그리고 어디서나 영과 진리로 하나님을 예배할 수 있다. 또한 하나님께서 말씀이나 섭리로 요청하실 때 공적 집회에서 더 엄숙하게 예배할 수 있으니, 이런 집회를 부주의나 임의로 소홀히 하거나 저버리지 말아야 한다. (21장 6항, '종교적 예배와 안식일')

신앙고백서에 따르면 그리스도인은 스스로도 예배를 잘 드려야 하고, 함께 모여서는 더욱 엄숙하게 공예배를 드려야 합니다. 물론 이 둘은 같이 가야 합니다. 개인의 경건생활은 공예배의 뿌리라고 할 수 있습니다. 코로나가 확산되는 시점에서 예배에 대한 논의의 초점이 지나치게 공예배에 맞추어지지 않도록 주의해야 합니다. 공예배에 참석할 수 없는 경우에 성도들에게 무조건 온라인 예배를 권하기보다 홀로, 가족별로, 구역별로 예배를 드릴 수 있도록 격려하고 지도하는 편이 좋습니다. 그것이 궁극적으로 교회의 힘을 기르는 길입니다.

참된 예배의 중심 원리와 적용

1. 예배는 유일하고 참되신 성부, 성자, 성령 삼위 하나님과 그분의 백성들 간의 언약적 교제다.
2. 성부, 성자, 성령 삼위 하나님께서 항상 경배와 영광을 함께 받으셔야 한다. 삼위일체 교리는 모든 예배의 판단 기준이다.
3. 예배자는 예배시 성부, 성자, 성령 삼위 하나님의 이름을 지속적으로 선명하게 부름으로써 예배의 대상이 누구인지 분명히 인식해야 한다.
4. 자의적인 예배 변화는 삼간다. 예배는 인간이 고안하는 게 아니고 하나님의 계시인 성경의 원리에 따라 시행해야 하며 공교회적 특성이 드러나야 한다.
5. 신자는 공교회적 신앙고백인 사도신경을 통해 삼위 하나님에 대한 신앙을 공동체적으로 고백한다. 니케아 신경을 통해 보다 풍성한 내용으로 고백할 수 있다.

6. 삼위 하나님을 직접적으로 찬송하는 송영이 찬송의 표준이 되어야 한다. 찬송받는 대상이 가장 분명하게 드러나기 때문이다.

7. 설교는 기록된 하나님의 말씀인 성경 본문에 근거하여 순수한 복음을 전해야 한다. 삼위 하나님이 누구신지, 그분의 백성을 향한 뜻이 무엇인지를 잘 선포해야 한다. 신자는 그러한 목사의 설교를 인간의 말이 아니라 하나님의 말씀으로 받아야 한다.

8. 기도는 이방인처럼 인간의 소원을 하나님께 아뢰는 것이 아니라 성경에 계시된 삼위 하나님의 뜻, 즉 그분의 나라와 의를 구하는 것이다. 신자들은 시편을 통해, 무엇보다 주기도문과 교리문답을 통해 기도를 잘 배워야 한다.

9. 시편 찬송은 삼위 하나님께서 성경에 명하신 것이므로 예배 찬송의 중심이 되어야 한다. 악기나 찬양대 등 찬송의 부수적 요소들은 예배당이나 교회의 상황에 맞게 당회의 적절한 지도를 받는다.

10. 예배의 본질인 삼위 하나님과의 교제를 실제적으로 경험할 수 있는 성례를 강화해야 한다.

11. 성부와 성자와 성령으로 시행되는 세례(유아세례 포함)는 제자훈련에서 가장 본질적인 절차다. 세례를 바르게 시행

하려면 교리문답 교육을 더욱 강화해야 한다.

12. 성찬을 보다 자주 혹은 매주 시행해야 한다. 신앙고백서에 탁월하게 정리된 성찬에 대한 교훈을 성도들에게 제대로 가르쳐야 한다.

13. 교회의 모든 항존 직원은 근본적으로 예배를 위해 존재하며 예배 가운데 봉사해야 한다. 다른 모든 봉사 직무도 예배를 위해 존재한다.

14. 말씀과 성례의 봉사자인 목사는 하나님의 말씀인 설교를 준비하는 데 충분한 시간을 들여야 한다. 말씀을 보호하는 직무를 맡은 장로들은 이것이 잘 시행되고 있는지 감독해야 한다.

15. 언약 공동체인 교회는 본질상 예배 공동체이며 예배가 신자들의 삶에 중심이 되어야 한다. 빈번한 교회 행사나 프로그램으로 인해 예배가 약화되지 않도록 주의한다.

16. 참된 예배자로서 신자는 개인의 취향에 따라 교회를 정하지 않는다. 삼위 하나님을 분명하게 경배하는 교회를 분별하고, 그 교회에 속하여 신앙생활에 힘쓴다.

17. 신자는 언제 어디서든 예배할 수 있지만, 주일날 정해진 시간에 다른 지체들과 함께 더욱 엄숙하게 드리는 공예배를 중요하게 생각해야 한다.

18. 믿음으로 그리스도와 연합한 그리스도인은 모두가 제사장이므로 각자가 스스로 거룩한 행실을 통해 자기 삶을 하나님께서 기뻐하시는 산 제사로 드리기에 힘써야 한다.
19. 스마트폰과 같은 현대 기기들이 예배에 미치는 영향을 면밀히 살펴서 사용 여부를 신중하게 결정한다.
20. 예배에 관한 한 작은 교회는 대형 교회를 본받지 않도록 주의한다.

닫는 글
삼위 하나님을 보는 예배를 소망하며

코로나를 여러 각도에서 바라볼 수 있겠지만, 예배의 관점에서 볼 때 코로나는 하나님께서 참된 교회에게 주신 선물인지도 모릅니다. 많은 교회들이 죽겠다고 아우성치고 있지만, 참된 교회는 반석 위에 든든히 세워진 집과 같이 오히려 조금씩 성장하고 있습니다. 지금까지 우리의 교회가 인간적이고 세속적인 흐름에 편승하여 예배가 많이 오염되어 왔다는 것을 부인할 수 없습니다. 진정으로 돌이켜서 회개를 사랑하는 교회만이 코로나 시대 속에서 생존하여 이후에도 참된 예배의 기쁨을 누릴 수 있을 것입니다.

코로나를 통해 대부분의 신실한 성도들은 "도대체 예배란 무엇인가?"를 진지하게 고민하기 시작했습니다. 그동안 당연하게 여겨 온 예배의 모든 요소들이 질문의 대상이 되었습니다. 심지어 "꼭 교회에 가야 하나요?"라는 질문도 제기되고 있습니다. 이제 이런 질문을 외면하거나 이런 질문에 제대로 답하지 못하는 교회는 신자들에게 외면받을 수밖에 없습니다. 무엇보다 이런 질문에 솔직한 답을 원하는 청년들부터 교회를 떠날 것이고, 그런 청년들의 신앙에 문제가 있다고 생각하는 교회부터 문을 닫게 될 것입니다.

저는 이러한 문제들을 진지하게 고민하는 분들을 위해 이 책을 썼습니다. 이 책이 예배에 대한 완벽한 답이 될 수는 없지만, 문제의 해결책을 찾는 실마리를 제공하고자 합니다. 이 책을 성도들과 함께 읽고 토론하면서 참된 예배를 위한 공감대를 형성하기를 기대합니다. 아무리 답을 찾았다고 하더라도 공감대가 확실히 형성되지 않으면 참된 예배를 실제로 회복하기란 불가능하기 때문입니다. 철저한 자기 성찰과 회개가 없으면 참된 예배에 대한 모든 논의는 공허한 말장난이 될 수도 있습니다.

이 책은 예배의 기본에 대해 이야기합니다. 전문적인 책이 아닙니다. 따라서 이 책에서 예배에 대해 너무 많은 것을 기대하시는 분은 다른 책을 찾아봐야 할지도 모릅니다. 하지만 예배에 대한 기본 개념이 잘 정립되어 있지 않다면, 아무리 전문 서적을 많이 읽어도 예배에 대한 이해가 더 혼란스러울 수 있습니다. 이 책을 통해 기본을 잘 쌓은 후에 더 깊은 예배의 세계로 나아가기를 바랍니다.

예배의 본질을 여러 가지로 말할 수 있겠지만 저는 '하나님을 봄'(visio Dei)이라고 생각합니다. 그래서 처음에는 이 책의 제목을 "예배를 알면 하나님이 보인다"로 생각해 보았습니다. 어떤 이들은 "인간이 어떻게 하나님을 볼 수 있다는 말인가?"라고 반박할지 모르겠으나 주님은 "마음이 청결한 자는 복이 있나니 그들이 하나님을 볼 것임이요"(마 5:8)라고 말씀하셨습니다. 이 말씀을 전통적으로 지복직관(beatific vision)이라고 합니다.

이 말씀을 어떻게 생각하십니까? "예수님을 잘 믿으면 천국 가서 하나님을 볼 수 있다"는 말씀으로 이해하지는 않으시겠지요. 우리 주님은 하나님 아버지를 보여 달라는 빌립에게 이렇게 말씀하셨습니다. "나를 본 자는 아버지를 보았[느니라]"(요 14:9). 이와 같은 말씀에 근거하여 교회 역사 속에서 신앙의 선배들은 묵상과 기도 속에서, 특히 예배 속에서 하나님을 보기를 진정으로 갈망했습니다. 그들은 설교를 통해 하나님의 말씀을 실제로 들었고, 성찬을 통해 주님을 실제로 보고 즐겼습니다. 이 점에서 우리는 그동안 하나님의 말씀을 너무 피상적으로 이해하지는 않았는지 깊이 성찰할 필요가 있습니다.

코로나 시대를 맞이해 '대면 예배', '비대면 예배'와 같은 신조어가 처음으로 등장했습니다. 모든 참된 예배는 대면 예배입니다. 그런데 누가 누구를 대면한다는 말일까요? 성도들끼리 서로 얼굴을 본다는 말일까요, 아니면 성도들과 예배 인도자인 목사가 대면한다는 말일까요? 만약 그런 식으로 이해한다면 우리는 코로나 시대를 지나며 예배에 대해 아무런 교훈을 얻지 못할 것입니다. 또한 코로나가 끝나더라도 그냥 이전의 모습 그대로 돌아갈 수밖에 없을 것입니다. 진정한 대면 예배는 신자가 유일하고 참되신 성부, 성자, 성령 삼위 하나님을 정말로 보고 즐기는 것입니다. 여기에서 모든 예배의 논의가 출발해야 합니다.

다른 모든 신학이 그러하듯이 예배학도 실천적인 학문입니다. 예배에 대한 참된 지식은 행동을 요구합니다. 예배에 대한 책을 수십 권 읽어도 제대로 예배하는 교회에 출석하지 않는다면 어떻게 참된 예배를 드릴 수 있겠습니까? 이 책을 통해 참된 예배의 기준을 확립한 다음, 참된 예배를 드리는 교회를 찾아가 삼위 하나님과 예배를 통해 깊은 교제를 실제로 누리기를 진심으로 소망합니다.

… 예배 관련 추천도서

손재익 『특강 예배모범』

장로교회 신자라면 웨스트민스터 예배모범은 알고 있어야 한다고 생각합니다. 이 책은 웨스트민스터 예배모범을 신학적으로 또한 목회적으로 잘 설명하고 있습니다. 장로교가 갖고 있는 예배의 기본 원리들을 잘 배울 수 있습니다.

문화랑 『예배학 지도 그리기』

저자는 고려신학대학원에서 예배학을 가르치고 있습니다. 예배를 어떻게 목회와 연결시킬지 고민하는 이들에게 좋은 안내서입니다. 예배학의 최신 흐름을 접할 수 있습니다.

안재경 『예배, 무엇이든 물어보세요 1, 2』

실제로 목회를 하고 있는 목사가 저술했다는 점에서 현장 목회자들에게 많은 도움이 되는 책입니다. 특히 예배에 관해 궁금한 점들을 잘 정리해 놓아 필요한 답을 손쉽게 찾을 수 있습니다.

윌리엄 H. 윌리몬 『간추린 예배의 역사』

저자는 예배학을 전공하지 않았지만, 제목 그대로 예배의 역사를 한눈에 알아볼 수 있게 잘 정리했습니다. 예배의 역사에 문외한도 쉽게 읽을 수 있습니다.

알렉산더 슈메만 『세상에 생명을 주는 예배』

예배의 세계를 보다 더 깊이 경험하고 싶은 이들에게 단연 권하는 책입니다. 정교회의 신학적 입장을 취하고 있어 다소 생소하게 느껴질 수 있으나, 오히려 그동안 우리가 드리는 예배가 얼마나 괴상적이었는지를 돌아보게 합니다.